四特 教育系列丛书 SITEJIAOYUXILIECONGSH

U0575581

与学生谈创造教育

《"四特"教育系列丛书》编委会 编著

吉林出版集团股份有限公司

全国百佳图书出版单位

图书在版编目（CIP）数据

与学生谈创造教育／《"四特"教育系列丛书》编委会编著 . —长春：吉林出版集团股份有限公司，2012.4
（"四特"教育系列丛书／庄文中等主编 . 与学生谈生命与青春期教育）
ISBN 978 7-5463-8647-8

Ⅰ. ①与… Ⅱ . ①四… Ⅲ . ①创造教育－青年读物②创造教育－少年读物　Ⅳ . ① G40-012

中国版本图书馆 CIP 数据核字（2012）第 279791 号

与学生谈创造教育
YU XUESHENG TAN CHUANGZAO JIAOYU

出 版 人	吴　强
责任编辑	朱子玉　杨　帆
开　　本	690mm×960mm 1/16
字　　数	250 千字
印　　张	13
版　　次	2012 年 4 月第 1 版
印　　次	2023 年 2 月第 3 次印刷
出　　版	吉林出版集团股份有限公司
发　　行	吉林音像出版社有限责任公司
地　　址	长春市南关区福祉大路 5788 号
电　　话	0431-81629667
印　　刷	三河市燕春印务有限公司

ISBN 978-7-5463-8647-8　　　　　定价：39.80 元

前　言

　　学校教育是个人一生中所受教育最重要组成部分,个人在学校里接受计划性的指导,系统地学习文化知识、社会规范、道德准则和价值观念。学校教育从某种意义上讲,决定着个人社会化的水平和性质,是个体社会化的重要基地。知识经济时代要求社会尊师重教,学校教育越来越受重视,在社会中起到举足轻重的作用。

　　"四特教育系列丛书"以"特定对象、特别对待、特殊方法、特例分析"为宗旨,立足学校教育与管理,理论结合实践,集多位教育界专家、学者以及一线校长、老师们的教育成果与经验于一体,围绕困扰学校、领导、教师、学生的教育难题,集思广益,多方借鉴,力求全面彻底解决。

　　本辑为"四特教育系列丛书"之《与学生谈生命与青春期教育》。

　　生命教育是一切教育的前提,同时还是教育的最高追求。因此,生命教育应该成为指向人的终极关怀的重要教育理念,它是在充分考察人的生命本质的基础上提出来的,符合人性要求,是一种全面关照生命多层次的人本教育。生命教育不仅只是教会青少年珍爱生命,更要启发青少年完整理解生命的意义,积极创造生命的价值;生命教育不仅只是告诉青少年关注自身生命,更要帮助青少年关注、尊重、热爱他人的生命;生命教育不仅只是惠泽人类的教育,还应该让青少年明白让生命的其它物种和谐地同在一片蓝天下;生命教育不仅只是关心今日生命之享用,还应该关怀明日生命之发展。

　　同时,广大青少年学生正处在身心发展的重要时期,随着生理、心理的发育和发展、社会阅历的扩展及思维方式的变化,特别是面对社会的压力,他们在学习、生活、人际交往和自我意识等方面,都会遇到各种各样的心理困惑或问题。因此,对学生进行青春期健康教育,是学生健康成长的需要,也是推进素质教育的必然要求。青春期教育主要包括性知识教育、性心理教育、健康情感教育、健康心理教育、摆脱青春期烦恼教育、健康成长教育、正确处世教育、理想信念教育、坚强意志教育、人生观教育等内容,具有很强的系统性、实用性、知识性和指导性。

　　本辑共20分册,具体内容如下:

　　1.《与学生谈自我教育》

　　自我教育作为学校德育的一种方法,要求教育者按照受教育者的身心发展阶段予以适当的指导,充分发挥他们提高思想品德的自觉性、积极性,使他们能把教育者的要求,变为自己努力的目标。要帮助受教育者树立明确的是非观念,善于区别真伪、善恶和美丑,鼓励他们追求真、善、美,反对假、恶、丑。要培养受教育者自我认识、自我监督和自我评价的能力,善于肯定并坚持自己正确的思想言行,勇于否定并改正自己错误的思想言行。要指导受教育者学会运用批评和自我批评这种自我教育的方法。

　　2.《与学生谈他人教育》

　　21世纪的教育将以学会"关心"为根本宗旨和主要内容。一般认为,"关心"包括关心自己、关心他人、关心社会和关心学习等方面。"关心他人"无疑是"关心"教育的最为重要的方面之一。学会关心他人既是继承我国优良传统的基础工程,也是当前社会主义精神文明建设的基础工程,是社会公德、职业道德的主要内容。许多革命伟人,许多英雄模范,他们之所以有高尚境界,其道德基础就在于"关心他人"。本书就学生的生命与他人教育问题进行了系统而深入的分析和探讨。

3.《与学生谈自然教育》

自然教育是解决如何按照天性培养孩子,如何释放孩子潜在能量,如何在适龄阶段培养孩子的自立、自强、自信、自理等综合素养的均衡发展的完整方案,解决儿童培养过程中的所有个性化问题,培养面向一生的优质生存能力、培养生活的强者。自然教育着重品格、品行、习惯的培养;提倡天性本能的释放;强调真实、孝顺、感恩;注重生活自理习惯和非正式环境下抓取性学习习惯的培养。

4.《与学生谈社会教育》

现代社会教育是学校教育的重要补充。不同社会制度的国家或政权,实施不同性质的社会教育。现代学校教育同社会发展息息相关,青少年一代的成长也迫切需要社会教育密切配合。社会要求青少年扩大社会交往,充分发展其兴趣、爱好和个性,广泛培养其特殊才能,因此,社会教育对广大青少年的成长来说,也其有了极其重要的意义。本书就学生的生命与社会教育问题进行了系统而深入的分析和探讨。

5.《与学生谈创造教育》

我们中小学实施的应是广义的创造教育,是指根据创造学的基本原理,以培养人的创新意识、创新精神、创造个性、创新能力为目标,有机结合哲学、教育学、心理学、人才学、生理学、未来学、行为科学等有关学科,全面深入地开发学生潜在创造力,培养创造型人才的一种新型教育。其主要特点有:突出创造性思维,以培养学生的创造性思维能力为重点;注重个性发展,让学生的禀赋、优势和特长得到充分发展,以激发其创造潜能;注意启发诱导,激励学生主动思考和分析问题;重视非智力因素。培养学生良好的创新心理素质;强调实践训练,全面锻炼创新能力。本书就学生的生命与创造教育问题进行了系统而深入的分析和探讨。

6.《与学生谈非智力培养》

非智力因素包含:注意力、自信心、责任心、抗挫折能力、快乐性格、探索精神、好奇心、创造力、主动思索、合作精神、自我认知……本书就学生的非智力因素培养问题进行了系统而深入的分析和探讨,并提出了解决这一问题的新思路、可供实际操作的新方案,内容翔实,个案丰富,对中小学生、教师及家长均有启发意义。本书体例科学,内容生动活泼,语言简洁明快,针对性强,具有很强的系统性、实用性、实践性和指导性。

7.《与学生谈智力培养》

教师在教学辅导中对孩子智力技能形成的培养,应考虑智力技能形成的阶段,采取多种教学措施有意识地进行。本书就学生的智力培养教育问题进行了系统而深入的分析和探讨,并提出了解决这一问题的新思路、可供实际操作的新方案,内容翔实,个案丰富,对中小学生、教师及家长均有启发意义。本书体例科学,内容生动活泼,语言简洁明快,针对性强,具有很强的系统性、实用性、实践性和指导性。

8.《与学生谈能力培养》

真正的学习是培养自己在没有路牌的地方也能走路的能力。能力到底包括哪些内容?怎样培养这些能力呢?本书就学生的能力培养问题进行了系统而深入的分析和探讨,并提出了解决这一问题的新思路、可供实际操作的新方案,内容翔实,个案丰富,对中小学生、教师及家长均有启发意义。本书体例科学,内容生动活泼,语言简洁明快,针对性强,具有很强的系统性、实用性、实践性和指导性。

9.《与学生谈心理锻炼》

心理素质训练在提升人格、磨练意志、增强责任感和团队精神等方面有着特殊的功效,作为对大中专学生的一种辅助教育方法,不仅能够丰富教学内容,改革教学模式,而且能使大学生获得良好的体能训练和心理教育,增强他们的社会适应能力,提高他们毕业之后走上工作岗位的竞争力。本书就学生的心理锻炼问题进行了系统而深入的分析和探讨。

10.《与学生谈适应锻炼》

适应能力和方方面面的关系很密切,我认为主要有以下几个方面:社会环境、个人经历、身体状况、年龄性格、心态。其中最重要是心态,不管遇到什么事情,都要尽可能的保持乐观的态度从容的心态。适应新环境、适应新工作、适应新邻居、适应突发事件的打击、适应高速的生活节奏、适应周边的大悲大喜,等等,都需要我们用一种冷静的态度去看待周围的事物。本书就学生的社会适应性锻炼教育问题进行了系统而深入的分析和探讨。

11.《与学生谈安全教育》

采取广义的解释,将学校师生员工所发生事故之处,全部涵盖在校园区域内才是,如此我们在探讨校园安全问题时,其触角可能会更深、更远、更广、更周详。

12.《与学生谈自我防护》

防骗防盗防暴与防身自卫、预防黄赌毒侵害等内容,生动有趣,具有很强的系统性和实用性,是各级学校用以指导广大中小学生进行安全知识教育的良好读本,也是各级图书馆收藏的最佳版本。

13.《与学生谈青春期情感》

青春期是花的季节,在这一阶段,第二性征渐渐发育,性意识也慢慢成熟。此时,情绪较为敏感,易冲动,对异性充满了好奇与向往,当然也会伴随着出现许多情感的困惑,如初恋的兴奋、失恋的沮丧、单恋的烦恼等等。中学生由于尚处于发育过程中,思想、情感极不稳定,往往无法控制自己的情绪,考虑问题也缺乏理性,常常会造成各种错误,因此人们习惯于将这一时期称作"危险期"。本书就学生的青春期情感教育问题进行了系统而深入的分析和探讨。

14.《与学生谈青春期心理》

青春期是人的一生中心理发展最活跃的阶段,也是容易产生心理问题的重要阶段,因此要关注心理健康。本书就学生的青春期心理教育问题进行了系统而深入的分析和探讨,并提出了解决这一问题的新思路、可供实际操作的新方案,内容翔实,个案丰富,对中小学生、教师及家长均有启发意义。本书体例科学,内容生动活泼,语言简洁明快,针对性强,具有很强的系统性、实用性、实践性和指导性。

15.《与学生谈青春期健康》

青春期常见疾病有,乳房发育不良,遗精异常,痤疮,青春期痤疮,神经性厌食症,青春期高血压,青春期甲状腺肿大,甲型肝炎等。用注意及时预防以及注意膳食平衡和营养合理。本书就学生的青春期健康教育问题进行了系统而深入的分析和探讨,并提出了解决这一问题的新思路、可供实际操作的新方案,内容翔实,个案丰富,对中小学生、教师及家长均有启发意义。本书体例科学,内容生动活泼,语言简洁明快,针对性强,具有很强的系统性、实用性、实践性和指导性。

16.《与学生谈青春期烦恼》

青少年产生烦恼的生理原因是什么?青少年的烦恼有哪些?消除青春期烦恼的科学方法有哪些?本书就学生如何摆脱青春期烦恼问题进行了系统而深入的分析和探讨,并提出了解决这一问题的新思路、可供实际操作的新方案,内容翔实,个案丰富,对中小学生、教师及家长均有启发意义。本书体例科学,内容生动活泼,语言简洁明快,针对性强,具有很强的系统性、实用性、实践性和指导性。

17.《与学生谈成长》

成长教育的概念,从目的和方向上讲,应该是培育身心健康的、适合社会生活的、能够自食其力的、家庭和睦的、追求幸福生活的人;从内容上讲,主要是素质及智慧的开发和培育。人的内涵最根本的是思想,包括思想的内容、水平、能力等;外显的是言行、气质等。本书就学生的健康成长问题进行了系统而深入的分析和探讨,并提出了解决这一问题的新思路、可供实际操作的新方案,内容翔实,个案丰富,对中小学生、教师及家长均有启发意义。

18.《与学生谈处世》

处世是人生的必修课,从小要教给孩子处世的技巧,让孩子学会处世的智慧,这对他们的成长至关重要。本书从如何做事、如何交往、如何生活、如何与人沟通、如何处理自己的消极情绪等十个方面着手,力求把处世的智慧教给孩子,让孩子学会正确处理复杂的人际关系。本书体例科学,内容生动活泼,语言简洁明快,针对性强,具有很强的系统性、实用性、实践性和指导性。

19.《与学生谈理想》

教育是一项育人的事业,人是需要用理想来引导的。教育是一项百年大计,大计是需要用理想来坚持的。教育是一项崇高的事业,崇高是需要用理想来奠实的。学校没有理想,只会急功近利,目光短浅,不能真正为学生终身发展奠基;教师没有理想,只会自怨自艾,早生倦意,不会把教育当作终身的事业来对待。学生没有理想,就没有美好的未来。本书就学生的理想信念问题进行了系统而深入的分析和探讨,并提出了解决这一问题的新思路、可供实际操作的新方案,内容翔实,个案丰富,对中小学生、教师及家长均有启发意义。

20.《与学生谈人生》

人生观是对人生的目的、意义和道路的根本看法和态度。内容包括幸福观、苦乐观、生死观、荣辱观、恋爱观等。它是世界观的一个重要组成部分,受到世界观的制约。本书就学生如何树立正确的人生观问题进行了系统而深入的分析和探讨,并提出了解决这一问题的新思路、可供实际操作的新方案,内容翔实,个案丰富,对中小学生、教师及家长均有启发意义。本书体例科学,内容生动活泼,语言简洁明快,针对性强,具有很强的系统性、实用性、实践性和指导性。

由于时间、经验的关系,本书在编写等方面,必定存在不足和错误之处,衷心希望各界读者、一线教师及教育界人士批评指正。

编者

目　录

第一章

学生的创造性思维教育

1. 创造教育的来源和构想

　　创造教育对我国来说虽然不是一种新思想，却无疑是一个新课题，它对宏观的教育体制和微观的教育措施等都带来一场前所未有的挑战。全面深刻地理解创造教育具有极端的重要性，因为没有正确的创造教育观念，就不可能有健康的创造教育实践的发展。本文试图就其中的一些问题进行探讨。

创造教育的来源

　　（1）创造教育的溯源。

　　据考究，创造教育的思想自古有之，但真正明确提出并具体、系统地实施，最具代表性的是美国 20 世纪 30、40 年代的一些企业。1933 年，美国电气与电子协会高级会员 H·奥肯写成了发明讲义，并向麻省教育部申请在波士顿开办发明训练班；1937 年，R·史帝文森在通用电气公司为技术人员开设了创造工程课程。这可认为是创造教育的滥觞。

　　1938 年，美国 BBDO 广告公司副总裁奥斯本发明了"头脑风暴法"，被称为创造力开发上的里程碑，奥斯本也被称为"创造学之父"。10 年后在布法罗大学创办了培训创造性思维的学校，正式开始进行创造教育。50 年代以后，以吉尔伏特为首的一批美国心理学家参与了创造力的研究，创造力与教育的关系受到重视，创造性教学受到关注。由此看来，创造教育源起于企业界、工业界而非教育界。

　　（2）创造教育的概念及其特点。

　　创造教育，有广义和狭义之分。我们中小学实施的应是广义的创造教育，是指根据创造学的基本原理，以培养人的创新意识、创新精神、创造个性、创新能力为目标，有机结合哲学、教育学、心理学、人才学、生理学、未来学、行为科学等有关学科，全面深入地开发学生潜在创造力，培养创造型人才的一种新型教育。

其主要特点有：突出创造性思维，以培养学生的创造性思维能力为重点；注重个性发展，让学生的禀赋、优势和特长得到充分发展，以激发其创造潜能；注意启发诱导，激励学生主动思考和分析问题；重视非智力因素。培养学生良好的创新心理素质；强调实践训练，全面锻炼创新能力。

关于创造教育的构想

（1）创造教育前提：人地位的提升。

教育是创造人的活动，人是教育的核心因素。我们过去的教育以课堂为中心、以教师为中心、以教材为中心、以考试为手段、以考分定终身，学生（人）是没有地位的，或者说是没有充分地位的。

首先，要发现人的价值。就是要肯定与维护学生（人）应有的地位、作用与尊严，懂得学生不是动物、机器，而是有自己思想、观念的活生生的人。这个人是改造自然、推进社会的巨大力量，并且每一个人都有自己的尊严，渴望得到别人的尊重与理解，获得其应有的地位，发挥其应有的作用。

其次，要重视人的个性。个性即是人生在个体上的表现或反映，它是人们的生理心理和社会性诸方面的一系列稳定特征的综合。个性是人的主观能动反映机能得以充分发挥的前提，最富有个性的人往往最具有创新能力。创造教育必须要重视人的个性，尊重学生的心灵自由和心灵世界的独特性。

（2）创造教育目标：创造素质的培养。

创造教育的目标不是追求传统教育和继续教育的"灌输"、"充电"和"加油"等作用，而是要起"引爆"的作用，旨在释放人类的潜能，并强调开发潜能要同培养人的优秀品质和积极人生态度相结合。

总之，创造教育关注的中心是创造素质，这种素质在现代和未来人才的各种素质中具有统治作用和最大的时代适宜性。创造素质包括创造性品质、创造性思维和创造性技能。

创造性品质属于非智力因素，是创造性活动的内存动力机构。包括创造人格、创造个性、创新意识、创新精神等。创造品质是创造性活动成功的关键，集中体现为强烈的创造动机、顽强的创造意志和健康的创造情感。它反映出创造主体良好的思想面貌和精神状态。我国各级各类学校、特别是中小学的品德教育课程应当适应时代发展要求，把培养创造品质或创造人格作为重要内容。

创造性思维能够打破常规、突破传统，具有敏锐的洞察力、直觉力、丰富的想象力、预测力和捕捉机会的能力等等，从而使思维具有一种超前性、变通性。创造性思维是创造力的核心，具有非常规性和积极主动性两个根本特点，是创造教育要着力培养的最可贵的思维品质。

创造性技能是反映创造主体行为技巧的动作能力，是在创造智能的控制和约束下形成的，属于创造性活动的工作机构。具备宽广而扎实的基础知识，广阔的视野，以及善于综合开拓新领域的能力。良好的创造技能，包括一般工作能力和动手能力，熟练掌握和运用创造技法的能力，创造成果的到达能力（论文写作）、表现能力（艺术创作）和物化能力（创造设想物化为模型和产品）。创造技能也像其他技能一样，只有通过训练和实践才能真正获得。

总之，创造性的品格和人生态度，创造性的思维能力，以及从事创造活动的技能，这三者便是创造教育要努力实现的目标。

（3）创造教育环境。

马克思说："人创造环境，同样环境也创造人。"人刚出生时的差别是不大的，连哭声也几乎一样。但几经沧桑、双鬓斑白之时，他们的能力见识、观念个性、成就命运却有天壤之别，其中差别也有赖于人所处的社会生活环境。"桔生淮南则为桔，生于淮北则为枳"。可见，实施创造教育，创设、营造创造性的教育环境有着重要的意义。

如何营造良好的创造教育环境呢？就是要努力创造"无拘无束的气氛"，让学生"自由地呼吸"。这种气氛的内涵应该是民主、自由、平等、和谐，要求管理民主、师生平等、学术自由、教学相长。只有这样才能发挥学生的"自由精神"。所谓"自由精神"，就是一种敢于冲破旧习惯和旧势力的力量，它是人的能动反映机能的实现。一个人只有具有"自由精神"才能有所发现、有所发明、有所创造、有所前进。

（4）创造教育内容。

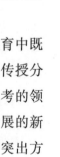

心理学研究表明：知识与能力之间存在着极大的相关。知识越丰富，产生重要设想的可能性就越大。正如泰勒所说："具有丰富知识和经验的人比只有一种知识经验的人更容易产生新联想和独到的见解。"

基于现代科学和社会发展对人的智能结构的要求，创造教育中既要有自然科学知识的内容，又要有人文科学知识的内容，要从传授分科知识转到进行整体知识教育，重视拓宽知识面，尽量开阔思考的领域，培养综合能力。既要注重基础知识教育，又要追随科学发展的新动态，强调让学生掌握最新科学知识和边缘学科。另外，还要突出方法论的内容，普及创造学知识，培养学生综合运用知识去分析问题和解决问题的能力。

（5）创造教育方法。

我们应该根据人脑生长发育的特点，在不同时期采用不同方法。在创造性的启蒙时期（3~9岁）以发现教育为主，重点在激发学生对自然现象和社会现象产生好奇的心理，学习发现问题的方法。在创造性的培养期（9~22岁）要注意强化脑的功能，提倡教师、学生共同探究、共同思考问题，培养学生多提问题、多想问题的习惯。在创造性的结实期（22~28岁）要深入钻研问题，广泛接触社会实践，将所学知识真正运用于社会的生产生活实践。

总之，一方面教师要启发性地"教"，不仅要让学生"学会"，更重要引导学生"会学"。对学生不只是传授知识，更重要的是激励思维，启发学生善于学习、勤于思考、勇于创造的精神。另一方面学生要创造性地"学"，树立起批判意识，增强思维的灵活性和深刻性，并进而突破思维定势的局限，为提高创造力奠定基础。

（6）创造教育途径。

首先是课堂教学。课堂教学是实施创造教育的主阵地。课堂上，创设良好的课堂教学情境，发挥学生的主动性，在开发学生爱学、乐学的同时，开发课堂教学效益的最大值。将学习过程从"吸收——储存——再现"转向"探索——研讨——创造"。不但教给学生各门课程的知识，更要培养学生"发现问题——提出问题——分析问题——解决问题——发现新问题"的能力。因此，要激发学生潜能，教师必须退隐为"导演"，把活跃在舞台上的主动权交给学生。

其次是课外活动。课外活动通常是开展创造教育的重要场所，其优点是可以将课堂上学到的东西运用于实际，可以发展学生的兴趣爱好，可以锻炼学生的独立思考能力和动手能力。因而，创造教育的许多成果都是在第二课堂中取得的。

为此，要实施创造教育，摆在我们广大教育工作者面前的重要课题是：如何为培养学生的创造素质提供更广阔的活动空间，让学生卸下肩头沉重的书包，轻轻松松地投入到丰富多彩的课外活动中去。学校应当成立课外兴趣小组，开展各种形式的演讲比赛、辩论大赛；此外，读课外书、做读书卡、练书法、弹琴、画画、做家务劳动等应成为学生的必做作业。这样既丰富了学生业余生活，又锻炼了学生的实际能力。

第三是社会活动。实施创造教育不仅是学校的事，也是全社会的事，如果社会能给创造教育提供一个良好的社会环境，对于培养和锻炼学生的创新能力，也是一条有效的途径。如现在中央电视台和各种报刊举办的各种智力竞赛活动，就激起了许多青少年学生的创造欲望和兴趣，出现了许多新的创造，取得了明显的成绩。

学生的许多时间都不是生活在学校，他们作为社会的成员，时时生活在社会的群体中。如果让他们接触社会实践，用自己所学的知识解决实际生活中遇到的问题，这不仅为社会实际需要解决了一些困难，而且锻炼了他们的创新能力。

（7）创造考核制度。

我们的考核制度以往是以分数来衡量学生，以升学率来评价教师和学校的，在有意无意中扼杀了学生的创造性。创造教育必须建立一套新的评价体系来衡量学生、教师和学校。要把学生的个性、品德、思维方式、学习能力、动手能力、创新能力等作为评价的重要量值，要把学生有无创新精神和创新能力作为判断一名教师、一所学校教育水平的基本标志之一。

学生应当树立"没有创新精神和创新能力就不是21世纪的好学生"的观念，教师和学校应树立"如果没有培养出具有创新精神的人，就是没有培养出能够适应21世纪要求的人才，就是教育的失误"的观念。学生把培养创造素质作为自己的追求，教师、学校、家长和社会把培养创造人才作为自己的责任，那么中国的教育就能与世界的教育接轨。

创造教育难以实施的原因

（1）教育民主的缺乏。

教育民主和创造教育密不可分，创造人才的成长和创造思维的形成，有赖于民主、自由、和谐、安全的精神环境的长期的陶冶和熏染。只有在民主的氛围中，才会有人格的自由和舒展，才会有思维的活跃与激荡，进而才会有创造潜能的迸发。

中国文化传统的根深蒂固，现行教育观念的落后使得教育民主在教育领域中还处于劣势。

沿袭千年的"官本位"思想、"师道尊严"思想等还不时蔓延于学校教育的各个角落。虽然这些传统对于规范的落实，制度的运行有着一定的作用，但对创造的压抑和摧残也是显而易见的。在学校生活中，它表现为对民主的轻视淡漠，对人格的权利的肆意践踏；表现为只信强制、不信自觉，只讲约束、不讲自由，只讲严格、不讲宽容，乐于训导却不善鼓励、乐于指正却吝惜赞赏。

在这样的氛围中，师生关系多为管制与被管制关系，教育气氛多呈紧张、沉闷压抑状态，学生的思想行为大都纳入了严格的管束，时间空间的大部分被半强制的学习所占领；在这样的气氛中，学生几乎失去了独立性和自主性，失去了自主思考、学习和自由做事、玩游戏的余地，个人的聪明才智和激情也被窒息，只能表现出依赖性、奴性、愈来愈笨拙和迟钝，这怎么可能有创造呢？只有当我们致力于建立一个民主宽松的教育环境之时，创新精神和创新意识才会在其中流淌，才会有创造人才的不断涌现。

（2）教育自身对功利性的过度追求。

从教育教学过程看，中国教育至今仍延续着一千多年来的"苦读加考试"的传统方式，几乎所有的教育与训练都失去了原本的性质而成了升学和获取文凭的工具，教师完全按学校教育编排好的指令进行，教学中整齐划一，教学五环节完善无缺，"灵魂工程师"成了没有灵魂的教学机器。

课堂上是满堂灌，教师是考的就讲，不考的就不讲，学生是考的就学，不考的就不学，以至"上课记笔记、考试背笔记、考过扔笔记"的现象屡见不鲜，造成了自由精神与个性发展的缺失。

这种功利性的教学对创造的阻滞非常明显，具体表现在：一是导致了学生主体精神和主动性的弱化，影响创造品质的形成；二是一味的注入，强化了学生的吸纳接受能力，而创造所需的问题意识和探究能力却因没有开发而萎缩；三是标准化的考试只要背框框条条，恪守固定格式，束缚学生的思想，由此不可避免地引发枯燥感、单调感和厌倦感，销蚀追求创造的热情。因此，只有当教育真正以个人自由发展和个性的弘扬为目的的时候，创造教育才会来临。

（3）创造教育目标的缺失。

审视我们以往的教育目标，不难发现，我们对创造教育的目标几乎没有规定，创造所必需的素质如独特个性和对多样化的尊重等也少涉及，在课程体系中也难见创造目标的踪影，在评价考试体系中创造的教育目标要求也不多见。

在具体的培养目标上，我们向来要求的是知识——能力——情感的培养顺序，也造成过分重视知识技能而忽视创造的状况。在创造教育目标制定的过程中，我们认为应该"情感领先、能力跟进、知识殿后"，不要担心矫枉过正，宁可牺牲一点知识也要把激发创造目标树立起来。包括教材压缩一些，难度降低一些，学生多动一些，课程丰富一些等等，要以一系列实际措施强化创造的地位，要以人创造教育的目标来统帅、调整学校的各项工作。

（4）教师缺乏创造教育素质。

"没有教师的质量，就没有教育的质量"，实施创造教育关键是要有一支高素质的具有创新精神和创新能力的教师队伍。只有每一位教师都具有创新意识和创新能力，才能将"创造"体现在教育教学活动

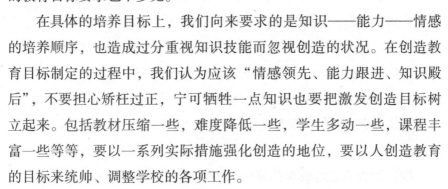

的全过程中，才能陶冶学生的创新意识，点燃学生的创造火花。

创造型教师应具备的基本素质是：尊重学生人格、良好的个性心理品质、强烈的创造意向和独立的批判精神，要有发现学生创造潜力的水平，要有创造教育的技能。扪心自问，在今天的中国，有多少教师具有这些素质？有些教师上课时对学生的疑问，不但不给予解答，反而视为"捣乱"，加以讽刺、挖苦，也有许多教师上课照本宣科、毫无生气等等，根本谈不上什么创造要求。造成教师创造素质薄弱的原因，主要是目前师范院校的教学对创造教育重视不够，力度不强。

创造教育的对策

（1）牢固地树立创新观念是开展创造教育的前提。

江泽民同志在对中国科学院关于知识创新工程设想的重要批示中指出："知识经济、创新意识对于我们 21 世纪的发展至关重要。"昭示了知识经济和创新意识对于我国 21 世纪经济社会发展的极端重要性和紧迫性。我们要充分认识到：在当今全球经济一体化的形势下，唯有发展知识经济，才能增强我国的国际竞争力，而发展知识经济的关键在于知识创新，这就需要增强创新意识。

因此，我们要彻底破除"因循守旧，不图创新"和"只重引进，忽视创新"的旧观念，牢固树立"不创新就灭亡"的新观念，并对全民，特别是对学校师生和企业的领导和员工开展创新意识的宣传教育，使创新成为全民的共识而且化为实际行动，形成一种"锐意创新，开拓进取"的良好社会风气，为创造教育的开展，扫清思想障碍。

（2）加强对创造教育的研究与推广。

首先，要加强对创造教育的研究。充分利用国内外创造教育及相关学科的最新研究成果，深入研究创造教育的基本规律，构建完善的理论体系，形成完整的教育思想、教育体制、教学内容和教育方法，使创造教育日趋成熟。

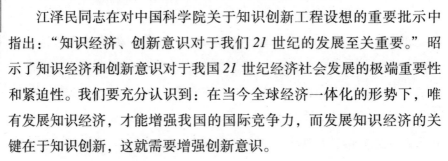

其次，要对创造教育进行改造、创新。创造教育发源于美国，具有西方文化特色。一门学科的特色归根到底是社会文化特色在学科基础来源上的具体反映，由于我国与美国的社会文化传统不同，所以在引进创造教育时不能生搬硬套，而必须对其改造、创新，把东方文化注入创造教育，将东方文化纵观全局、整体协调、辩证思维、随机应变的优势，与西方文化注重实体、科学分析、强调个性、讲求技法的长处相结合，形成有中国特色的创造教育。再次，要促进创造教育的试验与推广。

目前我国已有一千多所中小学和27所高等院校正在进行创造教育试验，取得了一定的成果，但还很不成熟。企业的创造教育试验，几乎是一片空白。至于创造教育的推广，更是远未能成气候。我国的创造教育任重而道远。

为此，必须采取多种有效措施，大力促进创造教育的试验与推广。要进一步深入开展学校试验工作，狠抓企业试验这一薄弱环节，不断探索我国开展创造教育的有效途径，取得成功的经验。要在大、中、小学和各类企业中大力推广开展创造教育的成功经验，使其在全国各地开花结果，逐步取代传统教育。

（3）深化教育体制改革。

传统教育的弊端。目前，我国基本上是实行传统教育，它对于开发学生的潜在创造力，存在着种种弊端：

①只注重知识传授，缺乏对创造性思维能力的培养。创造性思维能力是创造力的核心，这样做就直接扼杀了学生的创造力。

②坚持以教材为中心，限制了学生的视野。渊博的知识，开阔的视野是创造力形成的基础。把学生学习的知识只局限于教材之内，知识面狭窄，无疑削弱了创造力产生的根基。

③突出共性培养，压抑个性发展。个性发展是培养创造力的关键。

压抑个性发展，就扼杀了学生独立、独特的思考、思维能力，阻碍了创造力的培养。

④采用注入式灌输，忽视启发诱导。启发诱导是培养学生创造力的有效方法。采用注入式灌输，就压制了学生主动思考和探索的积极性，抑制了创造力形成的生机和活力。

⑤重视智力因素，忽视非智力因素。非智力因素是创造力形成的重要心理条件。忽视非智力因素，就使学生失去了创造力培养的心理保障。

⑥强调课堂教育，忽视实践训练。社会实践是创造力产生的源泉。忽视实践训练，就使创造力的形成缺乏源头活水。

总之，传统教育培养的是继承型人才，而不是创造型人才。这正如杨振宁博士所指出的那样："中国的学生知识丰富，善于考试，但却不善于想象、发挥和创造。"传统教育所培养的这种"高分低能"的学生，怎能承担得起我国21世纪发展知识经济的重任呢？

推进教育改革。传统教育的种种弊端，说明了传统教育非改革不可。我们要采取各种有效的措施，大力推进教育改革的深入发展，实现由传统教育向创造教育的转变。

①转变教育观念。我们要加深对开展创造教育重大意义的认识：它不仅关系到我国教育事业的发展前途，而且关系到国家的兴衰和民族的命运，是新时代赋予我们的神圣历史使命。我们要敢于突破传统教育观念的束缚，树立正确的教育观。实现从注重知识传授，培养继承型人才的传统教育观念，向重视创造性思维能力的培养，造就创新型人才的创造教育观念转变。

②改革教育制度。教育制度涉及教学、行政和党团工作等方面的内容，下面仅就教育制度的核心部分，即教学问题，来论述教育制度的改革。

第一，变革教学管理。把传统教育重知识传授的僵死、缺乏活力的教学管理制度，变革为创造教育重创造力培养的灵活、充满生机的教学管理制度。

在教学管理方面，要树立启发诱导、开拓进取的教风和培养勤思多问、探索创新的学风。制订鼓励师生发明创新的奖惩制度，设计若干定量、定性指标，对师生的创新能力进行评定，奖优罚劣。在师资管理方面，要安排教师进修或鼓励自学创造教育学，掌握创造教育学的原理和方法，提高创造教育的理论知识水平。

同时，要大力提倡教师从事创新实践活动：一方面在校内有计划地组织教师参加校办企业的科技创造发明，策划中心的管理创新，和文艺创作社的创作活动；另一方面要鼓励教师在完成校内教学任务的前提下，积极参与社会的各项创新活动，不断积累创新的经验。

在教材管理方面，由于我国创造教育刚刚起步，创造教育的教材奇缺，满足不了教学的需要，因此要积极联系和采购创造教育的教材，更要组织教师编写此类教材，对编写的优秀教材进行奖励。

在实验设施管理方面，除了要继续加强理、工科的实验室、实习工厂的建设和管理之外，还应创建文科的管理策划实验室和文艺创作实验室，利用计算机、多媒体和网络技术进行创新实验，使所学的创新知识运用于实践之中。

第二，改革教学内容。要拓宽学生的知识面。广博的知识修养，是创造力智慧之花盛开的沃土，特别是在当今各学科相互渗透，综合发展的趋势下，拓展学生的知识面更显得重要。因此，要让文科学生学些理、工科等自然科学的知识，而让理工科学生学些社会学科和人文学科知识，开阔知识视野，为创造力培养奠定坚实的基地。要增设创造类学科。

创造类学科直接影响着创造力的培养，因此要增设创造教育学、创造学、创造心理学、思维科学、创造性思维方法和创新技法等课程，以增强学生的创新意识和创新能力。要突出非逻辑思维，创造性思维包括逻辑思维和非逻辑思维，其中非逻辑思维的功能是创新，而逻辑思维的功能是论证。

传统教育重逻辑思维而忽视非逻辑思维，使培养的学生缺乏创新精神和创新能力，因此要加强非逻辑思维的教学，重点突出形象思维、想象思维、直觉、灵感思维和发散思维。要重视非智力因素，非智力因素是创造力形成的心理保障。要重视培养学生献身于科学事业的敬业精神，友好协作的团队意识，创新求异的浓厚兴趣，不怕风险的勇气和坚忍不拔的意志，提高创造性心理素质。

第三，改变教学方法。要改注入式为启发式。在创造教育中，启发式教学的最重要的方法是探索法，即首先由教师提出问题，然后让学生独立思考，通过启发诱导，使他们按知识的重演律，重新品味前辈获得这些知识的最精彩过程，探索创造性解决问题的方法，最后再由老师加以讲解和评论。

学生在寻求答案的过程中，不仅能获得新知识，更重要的是接受了胆略、意志和思维方法等的全面锻炼，培养了创新意识和创新能力，很好地把继承和创新结合起来。要改"一刀切"为因材施教。因材施教是发展学生个性，培养创造力的有效方法。要根据不同学生的知识基础、特点、优势、爱好和兴趣，采用相应的教学内容和教学方法以及把握好广度、深度和难度，使不同类型和层次的学生，都得到各具特色的发展。要改"以课堂教育为中心"为课堂、实践并重。

课堂与实践并重，是开发学生创造潜能的根本教学方法。课堂教育以学习创新的理论知识为主，实践训练以培养学生的创新能力为主，两者并重，就可实现理论与实践相结合，使创新的理论知识转化为创新能力。鉴于传统教育轻视实践，更应抓好实践环节，除了要继续抓好学生的实验、实习、毕业论文和毕业设计之外，还应开展科技小发明、管理模拟策划和文艺创作活动，锻炼学生的创新能力。

第四，改进考试评分制度。考试评分是培养学生创新能力的一个重要环节，因此要重视学生创新能力的考核和评定。在考试命题时，要提高创造性题型的比重和难度，从量和质两个方面来考核学生的创新能力。

命题的方式主要有两种：一是根据事实编写案例，让学生根据创造学的原理进行分析，指出案例成功或失败的原因，从中得到启迪，激发创造潜能；二是提供事实，让学生根据创造学原理进行模拟创新，使学生从中得到锻炼，提高创新能力。考试应采用开卷形式，避免学生死记硬背，让他们把主要精力集中于创造性的构思上，灵活运用所学的知识来分析问题和解决问题。学生的考试成绩包括创新理论成绩和创新实践成绩两部分。对于创新实践成绩，应根据定量与定性相结合的指标体系进行考核。最后根据创新理论成绩和创新实践成绩，综合评定学生创新能力的总成绩。

综上所述，知识经济时代是极需创造力的时代，时代在呼唤着创造教育！只要我们高度重视和积极推行创造教育，培养和造就大批的高素质创新型人才，大力开展知识创新，使我国的经济社会实现跨越式的发展，我们就一定能跻身于世界强国之列。

2. 创造性思维的含义与特征

创造性思维的基本含义

关于创造性思维，哲学界、心理学界和教育学界都对此作过研究。由于各学科研究的侧重点不同、方法论不同，因此，他们赋予创造性思维的内涵和外延亦各不相同。这里，仅就一些有较大影响的、有代表性的观点予以介绍：

第一种观点认为，创造性思维是指认识史上第一次产生的、前所未有的、具有社会意义和社会价值的思维活动。这种观点认为，创造性思维既具有一般思维的共性，又具有其个性，这就是它必须解决前人所未解决的问题。因此，具有创造性思维的人往往是少数的。

第二种观点认为，一个人对某一问题的解决是否属于创造性，不在于这一解决是否已有别人提出过，关键在于这一问题及其解决对解决者本人来说是否新颖。

第三种观点认为，创造性思维有狭义和广义之分。狭义的创造性思维：在发明新技术、提出假说、形成新观念、揭示新规律、创造新理论等这样一些探索未知世界的认识活动中的思维。广义的创造性思维：凡是超越思维主体现有的知识层次，超越常规的认识水平，自觉地、积极地探索未知世界（针对思维主体而言）的认识活动中的思维。显然，这种观点是第一、第二种观点的综合。

那么创造性思维与其他方式的思维区别是什么呢？人们的研究表明，创造性思维就是指一种用新的方式解决某个问题的思维过程。它与其他方式思维的最大区别在于：它是一种提供新颖、独特产物的思维活动，它难以在现有的知识仓库里找到现成的答案。相反，它要求人们摆脱习惯的思维方式，充分利用已有的信息进行重新组合，以探索出一种新的途径来。

创造性思维的基本成分

创造性思维是高级的思维形式，它是超前性的，它以事物的现状和科学的现有成果为出发点，使认识超出现有水平，不断进展，探索未知；它必须超越事物现有的发展状况和暴露层次；它挣脱并游离出现有的知识界面，因而是扩张、发散的。

创造性思维以基本的逻辑思维为基础，通过分析、综合、比较、分类、抽象、概括、类比、归纳、演绎等和其他要素按新的结构来组合，而这种新的结构，就是高一层次的，即创造性思维。在具体的思维形式和方法上，它表现为发散与集中、联想、想象、猜想、直觉、灵感等。

创造性思维的基本成分即扩散性思维与集中性思维。这两种思维是"一个钱币的两面"，是互补的、不可偏废的。传统教育的弊病，往往是只以典型例子来培养和训练学生的集中思维，忽视扩散思维训练。不少学生只会照例子解题、证题，而不会独立探索、发现规律、大胆创新。这样的教学易使学生思维呆板，影响学生智力的发展和能力的形成。

创造性思维的基本特征

与一般性思维相比较，创造性思维具有以下特征：

（1）创造性思维是有创见的思维

创造性思维所要解决的问题，是没有现成答案的，不能用常规的传统的方式加以解决。它要求重新组织观念，以便产生某种新的、以前不存在的，至少以前在思维者头脑中是不存在的东西。它是有创见性的，对社会或对思维者个人来说是新颖的、独特的。

（2）创造性思维有创造想象的参与

创造性思维的另一特征是有创造想象的参与，因而能够结合以往的知识和经验，在头脑里形成创造性的新形象，把观念的东西形象化，这是创造活动能够得以顺利开展的关键。一个研究者，尽管他积累了大量的资料，如果缺乏创造想象，就走不出事实的圈子，就谈不上创新。创造想象是科学创造和其他一切创造活动所必不可少的成分，所必须具备的心理因素。

（3）创造性思维是逻辑思维与非逻辑思维的巧妙结合

创造性思维既包含逻辑思维，又包含非逻辑思维，是逻辑思维与非逻辑思维的结合、对立统一的过程。在创造性思维活动中，新观念的提出，问题的突破，往往表现为从"逻辑的中断"到"思维的飞跃"。这时，通常都伴随着直觉、顿悟、灵感状态。直觉思维、灵感思维正是创造性思维活动的一种表现。创造是富于灵感的劳动。

（4）创造性思维的本质在于发现原来以为彼此间没有联系的两个研究对象之间的联系。

科学活动的任务就在于探求事物之间的新的联系和内在规律。人们所发现的这种联系或规律愈是深刻，愈是普遍，他们的创造性思维水平也就愈高。

（5）创造性思维是扩散思维与集中思维的统一，但创造性首先并更多地表现在扩散性上。

这是创造性思维的又一重要特征。前面说过，在创造性活动中，既没有现成的答案可供用，也难以用传统、常规的方法去解决问题，它要求提出崭新的发明性的解决办法。这就既需要扩散思维，又需要集中思维。而只有通过扩散思维，提出种种新设想，然后才谈得上如何通过集中思维从中挑选出好的设想。可见，创造性首先表现在扩散性上。但是，并不能因此而否定集中思维的重要作用，扩散思维与集中思维实际上是一个辩证统一的过程，创造性思维的整个过程都是为了达到创造、创造新的目的。扩散思维在于能提出尽可能多的新设想，集中思维在于能从中找出最好的解决方案。从这个意义上说，集中思维是扩散思维的出发点和归宿。打个比喻，"扩散"是播种，"集中"是收获，不播种就谈不上收获，但光播种而不收获，也是徒劳无益的。

3. 实施创造性教育的作用

在贯彻落实党的教育方针、深入进行教育改革的进程中，推行素

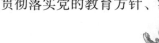

质教育早已成为广大教育工作者共同关心的问题。近年来，随着知识经济初显端倪，创造教育又逐渐成为教育战线关注的热点。那么，什么是素质教育？什么是创造教育？两者的关系如何？创造教育能在素质教育中发挥什么样的作用？很有必要对这些问题进行一番认真的探讨，以期统一认识，协调行动，把素质教育和创造教育的工作做得更好。

素质教育和创造教育的基本概念

关于素质教育

1999 年 *6* 月 *13* 日，中共中央、国务院在全国教育工作会议上做出了《关于深化教育改革全面推进素质教育的决定》。其中对素质教育有详尽而精辟的论述："实施素质教育，就是全面贯彻党的教育方针，以提高国民素质为根本宗旨，以培养学生的创新精神和实践能力为重点，造就有理想、有道德、有文化、有纪律的德智体美等全面发展的社会主义事业建设者和接班人。"

根据这段论述，我们可以概括出以下四个要点，即：素质教育的本质是全面贯彻党的教育方针；素质教育的宗旨是提高国民素质；素质教育的目标是造就德智体美等全面发展的"四有"人才；素质教育的重点是培养学生的创新精神和实践能力。

关于创造教育

尚未见到关于创造教育定义的权威性表述，然而，不少研究者的观点有助于我们理解创造教育的概念。人民教育家、我国创造教育的先驱者陶行知先生 *1944* 年就在《创造的儿童教育》一文中指出，教育"是要在儿童自身的基础上，过滤并运用环境的影响，以培养加强发挥这创造力"，"能启发解放儿童创造力以从事于创造之工作"。这里已经明确指出了创造教育与培养创造力之间的关系。

20 世纪 *80* 年代以来，随着新兴学科创造学传入我国，不少研究

者逐渐形成了有关创造教育的基本看法。许立言、张福奎较早提出，"创造教育旨在开发创造力，注意培养学生研究知识与创造知识的才能"。谢燮正等认为，创造教育"是一种全面教育，涉及德、智、体、情、意、美、劳、志、趣诸方面"。

俞啸云等则采用"创造性教育"的概念，并且指出："所谓普通学校的创造性教育，也就是突出地强调发展学习主体的个性、主动性和创造性的全面发展教育。"上述种种观点已经涉及创造教育的培养目标与实施方法。

在积极从事创造教育实践的基础上，笔者亦曾多次提出对于创造教育基本概念的看法。主要观点有：创造教育是"致力于开发受教育者创造力的教育思想、教育观念、教育原则和教育方法的总和"；创造教育是"崭新的综合性教育系统"，"其最终目的或最高标准是培养创造型人才"。

具体言之，创造教育是一个综合的教育系统，它包含着相应的教育思想、观念、原则和方法，是贯彻落实教育方针的一种积极形式或有效手段。创造教育的目的和任务是开发受教育者的创造力，促进受教育者优化素质和全面发展，其最终目标是培养造就时代需要的创造性人才。

创造教育"作为一种综合性的崭新教育体系，它可以通过各种渠道与方式向现行的各级各类教育渗透，覆盖社会教育的所有领域和各个层次"。联系到我国教育战线的实际情况，推行创造教育的重点在于提高学生的创造性思维能力和在实践中创新的能力。

综上所述，我们也可以对创造教育的要点作出以下概括：从本质上看，创造教育是贯彻落实党的教育方针的积极形式或有效手段；创造教育的目的和任务是提高受教育者的创造力，优化受教育者的综合素质；创造教育的最终目标是培养造就时代需要的创造性人才；现阶段我国创造教育的重点是提高受教育者的创造性思维能力和在实践中创新的能力。

在对素质教育和创造教育的基本概念取得共识之后，便不难理解两者之间既有区别、又有联系，互相影响、相辅相成的辩证关系，特别是创造教育在素质教育中应有的重要地位与积极作用。

创造教育在素质教育中的重要地位

在素质教育的大系统中，创造教育是必不可少的一个重要的子系统。我们之所以认为创造教育在素质教育中具有重要地位，主要基于以下三方面的考虑：

（1）创造教育体现素质教育的根本宗旨。

《关于深化教育改革全面推进素质教育的决定》中明确指出，素质教育"以提高国民素质为根本宗旨"。创造教育的目的与任务较好地体现了这一宗旨。创造教育以提高受教育者的创造力、优化其综合素质为主要目的与任务。

确切地说，是从开发创造力入手，达到改善素质的目的，以提高创造力为起点，逐步完成优化素质的任务。一方面，创造力是人的素质组成中最活跃、最具能动性的因素之一，创造力的提高能够带动素质组成中的其他因素健康发展，逐步优化。另一方面，同某些知识和技能相比，创造的原理与方法更具普遍性，时效更长，影响更为久远。

也就是说，当受教育者离开学校之后，创造力开发的效果往往仍能在相当长的时间内体现出来，甚至影响人的一生。这对于提高国民素质而言，显然是十分有利的。

（2）创造教育反映素质教育的培养目标。

素质教育以造就"有理想、有道德、有文化、有纪律"的德智体美等全面发展的社会主义事业建设者和接班人为目标，创造教育充分反映了这一目标。

从人才规格来看，创造教育把创造性人才定为培养目标，而创造性人才正是在素质教育的基础上发展起来的。创造教育不是一个独立的教育层次或类型，不能取代现有的各种教育，"它的主要功能是在各级各类教育培养出各自合格人才的基础上，促使他们进一步成长为创造型人才"。

因此，创造性人才的必要条件就是人才的内涵，即在德智体美等方面全面发展，符合社会主义事业建设者和接班人的基本要求。"创造性"或"创造型"只是在原有人才的规格上增加了更新的要求而已。

从培养方式来看，促进受教育者在德智体美等诸方面全面发展是造就创造性人才的根本途径。创造教育不是单一的发明教育，不是零散的课外活动，而是以课堂教学为主阵地，将知识与能力结合，以创造性思维能力和在实践中创新的能力为主线的综合性教育。创造的本质是新，是突破和超越。

德育、智育、体育和美育的内容都和创造存在有机的联系，在方法上也都需要创新。创造教育中传授的有关创造的基本原理与方法，正是德智体美诸领域创造活动规律的概括与总结。从这个意义上说，创造教育是在同德育、智育、体育和美育互相结合、互相渗透的过程中培养创造性人才的。这样的人才必定能反映德智体美等方面全面发展的要求。

（3）创造教育承担素质教育的重点任务。

党中央和国务院关于素质教育的决定中强调，素质教育的重点是"培养学生的创新精神和实践能力"。这一重点恰好是创造教育的特长或优势，因此，创造教育便义不容辞地承担起了素质教育的重点任务。

精神通常指人的意识、思维活动和一般心理状态。创新精神是人们锐意改革、思变求新、追求突破和超越的精神面貌的总称，包括创新意识、创造信念、创造激情和创造性思维等方面。创造教育通过介绍创造力普遍性的基本原理和创造的基本规律，使受教育者转变观念，逐步培养创新意识，树立创造信念，强化创造激情，同时也逐渐掌握创造性思维的有效方法。实践证明，创造教育确实有利于培养受教育者的创新精神。

"创造是人首次产生崭新的精神成果或物质成果的思维与行为的总和"。创造通常表现为人在创造性思维指导下，开展一定的创造性行为，获取一定创造成果的过程。人在进行创造的时候不仅要想（思维），而且还要干（行为）。

因此，创造教育把引导受教育者投身实践、在实践中提高创新才干作为创造力开发的重要途径。通过向学生传授创造技法，组织学生开展创造发明活动、形成创造成果并参加各种竞赛，鼓励并引导学生自己创业等方式，创造教育有效地促进了受教育者逐渐提高实践能力。

通过以上分析，我们不难看出创造教育同素质教育存在着不可分割的有机联系，创造教育在素质教育中具有不可或缺的重要地位。

创造教育对实施素质教育的积极作用

素质教育没有一成不变的固定模式，不少学校在实施素质教育的过程中已经总结出了适合校情的经验。理论研究和实践探索表明，推行创造教育能对贯彻落实素质教育精神、完成素质教育既定任务产生积极作用。

（1）有利于优化受教育者的综合素质。

心理学认为，素质是"人的先天的解剖生理特点。主要是神经系统、脑的特性以及感觉器官和运动器官方面的特点"。素质是心理发展的"自然前提"、"物质基础"或"生理条件"。这一观点肯定了素质的客观性、预成性，同时也表明了素质后天培养的可能性。

从教育学和社会学的角度来考虑，我们可以赋予素质更新的涵义，即认为素质也与实践密切相关，是实践对人的生理与心理产生影响的综合效果。因此，概括地说，素质是人的先天禀赋与后天修养的总和。这一概念为推行素质教育提供了理论依据。

创造教育通过以下三种途径有利于受教育者逐步优化其综合素质，从而促使素质教育取得显著成效：

①有利于开发脑的潜能。20 世纪 60 年代以来，人们对于脑功能的认识产生了新的飞跃，相继形成了一些重要的理论。影响较大的有两种学说。一是较早期的大脑两半球功能一侧化理论，一是稍后期的脑认知功能模块论。

大脑两半球功能一侧化理论俗称大脑两半球分工说，是由美国加州理工学院教授斯佩里和脑外科医生嘎扎尼加等人于 60 年代初期提出的。这一理论反映了某些个体的大脑出现了优势半球分化的现象，强调认知风格的个体差异，试图将左右两个大脑半球的主要功能分别同抽象思维和形象思维对应起来。

这一理论虽然产生了广泛的影响，并使其主要创立者于 1981 年荣获诺贝尔生理学医学奖，但问世不久便有新的发展。嘎扎尼加等人的深入研究表明，左右脑分工的现象因人而异，不能简单地概括为左脑利于抽象思维而右脑利于形象思维。脑是由在神经系统的各个水平上进行活动的子系统以模块的形式组织在一起的。脑功能模块是动态变化的组合，某一功能模块由多个脑结构组成，而某一脑结构又可参与不同的功能模块，体现出多样性和复杂性。这一理论便是脑认知功能模块论。

上述脑科学理论揭示了脑功能的个体差异，表明对于不同的人、针对优势不同的脑，应当采用不尽相同的教育方法和开发途径。由于现有的学校教育中长期偏重语言、计算和逻辑思维等方面的训练，绝大多数学生脑内与上述功能相关的模块得到强化，而与形象思维、想象、灵感等有关的模块则相对弱化。

又由于人脑的左右两半球分别与相反一侧的肢体具有内在联系，绝大多数学生使用右手写字、偏重于使用右侧肢体的习惯则使左半脑经常受到刺激，而使右半脑受到冷落。这一现象尤其不利于右半脑区的某些模块原本占优势的个体，大大影响其脑潜能开发，甚至有可能造成右脑障碍。

创造教育恰好能以自己的特点弥补上述缺憾，它倡导并实施因人制宜的教育，针对受教育者思维特征及其优势与欠缺，有目的地进行训练，促进全脑均衡开发，有利于在大脑两半球协调发展的基础上充分发挥不同个体的不同优势。对东南大学学生进行创造性思维测评和创造力开发的实践表明："绝大多数学生对创造学和创造教育的改革感兴趣并且从中获益"，"绝大多数学生（大于95%）认为自己的创造力得到了开发"。

人脑作为素质发展的物质基础或自然前提，其潜能得以均衡开发显然有利于优化综合素质。由于创造教育充分发掘了人脑的潜能，因此必将促使受教育者在开发创造力的过程中逐渐优化其综合素质。

②有利于优化非智力因素。造就德智体美等全面发展的社会主义事业建设者和接班人是我国教育方针的既定培养目标，也是素质教育的目标。

在这里，德育居于首要地位，是培养目标的灵魂。一个人的"德"主要包括政治思想觉悟和道德修养水平两大领域。其中诸多因素，例如理想、抱负、意志、毅力、精神境界、道德情操等，均属于非智力因素的范畴。因此，优化非智力因素是德育的重要内容，也是优化受教育者素质的重要内容。

创造教育十分重视优化受教育者的非智力因素。由创造对象的复杂化，创造过程的长期性和创造实践的艰苦性所决定，人们开展创造活动往往不会一帆风顺，要想获取创造成果并非易事。

创造教育则通过引导受教育者投身于创造实践，帮助他们在同困难作斗争的过程中逐渐树立或培养崇高的理想、远大的抱负、坚定的信念、坚强的意志、顽强的毅力、健康的精神面貌、高尚的道德情操等非智力方面的思想道德品质，从而达到优化素质的目的。在东南大学强化班和少年班的实践表明，创造教育对于磨练非智力因素、优化综合素质确实能产生显著的效果。

③有利于促进个性发展。个性是人的稳定心理特征（如性格、兴趣、爱好等）的总和，是在个人的生理基础上通过实践形成和发展起来的。个性是一个人区别于他人的重要特征，展示个性的过程就是与众不同的过程。由于心理特征往往反映内在素质，因此，个性是素质的独特表现形式，发展优良的个性有利于优化综合素质。

创造教育是一种个性化的教育。一方面，创造与个性本质相通。创造的核心是获取新成果，创造成果体现独特，亦即体现个性。培养创造力的过程，就是引导创造者刻意与众不同的过程，因而也就是发展个性的过程。另一方面，创造教育为展现个性提供有利条件。

因势利导的训练重点，因地制宜的评价方法，因人而异的创造成果，这一切构成了机动灵活而充满新意的教学环境，成为受教育者无拘无束发展个性的广阔天地。不同人经受创造教育后的收获是不尽相同的。"根据学生们自己的总结，有的理科学生提高了思辨能力，有的文科学生优化了综合素质；有的男孩子头脑更加灵活，有的女孩子信心倍增；原来口齿木讷的渐渐能言善辩，本来古板内向的竟也变得生动活泼，热情清新……"

正是通过脑潜能开发、非智力因素优化和个性发展等途径，创造教育能够逐渐优化受教育者的综合素质，使素质教育较快地取得较好的效果。

（2）创造教育有利于深化教育改革。

实施素质教育的过程是全面贯彻党的教育方针的过程，也是克服和弥补传统教育中的弊端和缺陷的过程，因此，素质教育的实施总是与教育改革同步进行。创造教育以其崭新的教育观念和科学的评价体系，有力地推动教育改革深入发展，从而促进素质教育更有成效地实施推广。

①树立崭新的教育观念。教育观念的核心是人才培养目标和评价标准。创造教育倡导全新的人才观，它从创造力的普遍性和可开发性原理出发，认为受教育者人人皆有创造力，且能经过教育与训练逐步提高原有的创造力，直至成长为创造性人才。

这一观念强调了"创造性"是人才的重要内涵，使人才培养目标更具时代气息，更能适应形势发展的需要。与此同时，这一观念也更有利于调动广大受教育者的积极性，鼓励他们在成才的道路上更快地成长。

在创造教育倡导的人才观中，以下几种观念尤其能对教育改革产生较大影响：

人才内涵个性化观念。人才通常是指通过自己创造性的劳动为社会做出较大贡献的人。人才的共性是具有比较优秀的素质。然而，人才的优秀素质往往是通过丰富多彩的个性特征表现出来的。因此，评价人才应当采用不尽相同的标准，不能用同一把尺子衡量千差万别的个体。这一观念有利于不拘一格地发现人才，特别是那些在某一方面有所特长、创造力有特殊表现，而在某些方面可能存在不足的人才。

人才培养非标准化观念。人才规格没有固定模式，应该因人制宜，因材施教，不能把学生塑造成千人一面、个个雷同的"标准件"。创造力开发将在充分发挥优势的基础上，促使学生各自展现才华，造成各种人才不断涌现的可喜局面。

人才成长非同步化观念。随着电子计算机、网络和多媒体等新技术的普及，现代化的教学手段得到广泛应用，空间和时间都不再能束缚教育事业的发展，也不再能限制人们对受教育方式的选择。因此，要允许受教育者打破常规，超越程序，同时还应积极创造条件，帮助、扶持高创造力的人才及时脱颖而出。

通过倡导并贯彻落实上述新观念，创造教育将有力地促进教育改革的深化，同时加快人才培养速度，优化人才素质，提高人才质量，更好地完成素质教育的既定任务。

②构建科学的评价体系。在现有的各类学校中，对学生的评价主要采用考试的方法，考试成绩成为检验学习效果的主要指标。从某种意义上说，教师的教学水平甚至工作业绩也同考试成绩相关。

其实，这一评价方法或评价标准既不十分科学，又不完全合理，长期沿用下来已经造成不少弊端。在创造学领域，创造成果分析是创造力测评的一类重要方法。这一方法及其相关理论为构建科学的教育评价体系奠定了基础。

创造教育中采用的评价体系是以创造成果和创造力水平为核心的评价体系，主要依据相对与绝对相结合的原则，对创造成果的科学、技术、经济或文化价值进行分析，特别是对其新颖性或超越程度作出评价，进而评价成果完成人的创造力水平。

评价工作应累计进行，成果越多，积累的评价效果就越好。在尚未完成创造成果的情况下，则可通过创造性思维测评和创造力补偿考试（在常规考试中安排测评创造力的部分并将其得分计入总成绩）等办法，体现创造力水平评价的原则。

以创造成果和创造力水平为核心的评价方法不仅能弥补现行考试方法的不足，而且是对延续多年的考试制度的郑重挑战。实践表明，这一崭新的评价体系具有可操作性。东南大学强化班坚持多年的创造教育实验已经总结出比较成熟的经验。江苏省重点中学南京金陵中学教改实验班连续两年开设创造学课程、推行创造教育，亦已初见成效。

1999 年和 *2000* 年，金陵中学学生以创造学课程的最终成果为主，参加南京市和江苏省青少年科技创新大赛，均取得了丰硕成果，获奖数量和等级在全市各区县和直属单位中稳居首位，引起了强烈反响。最近两年，该校实验班一些创造力较强的学生已被获准免除参加高考的程序，直接保送至东南大学强化班学习。

科学的评价体系有力地推动了教育改革，有力地促进了各有所长的人才脱颖而出，从而使创造教育对素质教育的实施产生积极的推动作用。

4. 发散思维的培养

当你遇到一个发明创新的课题后，怎样去思考？如果你能围绕这个问题，沿着不同的方向去思考，去探索，尽可能地搜寻各种解决问题的可能性，那么，你就表现出了很强的发散思维能力。

例如：要想消灭老鼠，首先很容易想到下述的一些方法：养猫捕捉，毒饵诱杀，机械装置（捕鼠笼、捕鼠夹）捕捉，等等。如果拓宽思维再进一步思考，则会由养猫想到保护老鼠的天敌蛇、猫头鹰，由机械装置想到电击、火烧、烟熏、水淹、粘胶等等。这样，思路明显增多，即思维开始发散。但以上仍是一些常见的方法，如果撇开常见的灭鼠方法，进一步觅寻其他的方法，很可能找出一些人们不常想到的办法来。如用电子装置模仿老鼠的叫声，引诱老鼠出洞，再捕杀；给一只老鼠注射一种仅对老鼠有害且可在老鼠之间互相传染的病菌，然后把它放归鼠群，使老鼠大量染病死亡。这时候，思维发散得更开，灭鼠的方法就更多了。

凡是围绕一个问题，能突破常规思维的束缚，沿着不同的方向去思考，搜寻出解决这一问题的各种可能性，求得多种解决问题的不同办法，这样的思维方式就是发散思维。发散思维具有三个明显的特点：①流畅性。就是在思维表达上反应敏捷，少有阻滞，能在较短的时间内表达出较多的概念。②灵活性。就是一个人的思维能够举一反三，触类旁通，随机应变，不受消极的心理定势的阻碍，因而有可能提出不同于一般人的新构思、新办法。③独特性。是指提出的解题方案或方法，不与他人雷同或大同小异，有自己独特的见解。

以上三个特点是相互关联的。思维流畅往往是产生其他两个特点的前提。灵活性则是提出创新思维的关键，灵活转换的能力越强，产生独特想法的可能性就越大。

发散思维的类型

发散思维的具体类型有两种：

（1）同型发散

同型发散是指围绕与问题直接提供的同类信息进行发散。如问钢笔的用途时，回答说："写字"、"画钢笔画"、"打草稿"等等。

（2）异型发散

异型发散是指围绕问题间接提供的非同类信息进行发散。这是真正体现发散思维创造性本质特征的主要方面。通过想象、联想，它使原来联系不明显的信息产生清晰的关系，使一些看似无关的信息关联起来。于是，新的附加信息便产生了，这样就为以一种新颖而独特的方式解决问题提供了线索。如回答钢笔的用途时，摆脱常规用途观念，便可根据钢笔的颜色、结构、形状、硬度、材质等各种属性生发出奇特的非常用途的想法，体现出发散思维的创造性本质特征，比如可以当玩具，可以当防身武器，可以当尺子，可以当变戏法道具，可以当滴眼药的器具，可以当容器等等。

对于同一问题，是否能尽可能进行异型发散，这可判断一个人发散思维能力的高低。例如，我们向甲乙两人提问：裤子有什么用途？

甲回答：①御寒；②遮身；③长裤剪短做裤衩；④男裤改为女裤；⑤大人裤子拆了做小孩衣服；⑥旧裤子做鞋底；⑦当小孩子尿布。

乙回答：①御寒、遮身；②浸湿后吹气做漂浮工具；③扎上裤腿装东西；④浸在硝酸里做炸药；⑤造纸；⑥在战场上撕了做绷带；⑦做稻草人吓鸟。

甲乙两人同时得到"裤子有什么用途"这个信息，并都答出了七种用途，但二者有明显区别。甲的答案未脱离常规的裤子或布料的用途，基本上是沿着同一方向进行思考的，属同型发散。而乙的答案不仅限于裤子的常规用途，而且从裤子和布料的特点出发，迁移到其他不同质的事物上去了。他的思维方式是沿着不同方向进行的，是多向的、立体的、开放性的异型发散方式。这说明乙比甲的发散思维能力强。

提高发散思维能力

怎样提高一个人的发散思维能力呢？

（1）大胆敞开思路。思考一个问题的解决办法时，要求敢于大胆敞开思路，不要先考虑实际不实际、可行不可行。创新活动本身是一种探索性的活动，创新设想的产生不应受到任何限制。人的思路只有尽可能广泛地发散，才可能导致创新。

关于一个小球的用途，可以用于各种球类活动，除此以外，还可以发散想到：小球可做地球仪，做汽车操纵杆的握柄，做玩具车的轮子，做渔网的浮子，切成两半可以做台灯的灯罩、灯座等。

如果在思考时，你首先就下判断：小球很重会沉入水里，不能做渔网的浮子，小球太小不能做台灯的灯罩等等，那么就会扼杀许多好主意的产生。

（2）学会发散的方法。一种常用的发散思维方法，就是剖析问题具备的各种基本要素，以此作为思考问题的方向。

我们来提一个"典型"问题：红砖有什么用途？

一般的答案是：可用来盖房子。

"红砖能够盖房子"是把红砖作为建筑材料考虑的。从建筑材料的角度，还可以回答出红砖另外的一些用途，如用于铺路、砌花坛、修水沟等。

如果再问：除此以外，红砖还可有什么别的用途呢？又该如何思考呢？

我们可以来考察，作一个要素分析。红砖是物体，可以从物体的物理性能、化学性能、数学性能、美学性能等方面分析。例如，从物理性能的质量、体积、运动等方面考虑，红砖可当锤子用来砸钉子、砸门、打狗、击鸟，也可用来压纸、压帐篷边缘、吊线，可做垫物防止车轮滑动；化学性能方面，从红砖中可以提取各种化学组成成分，做染料等；数学性能方面，红砖可用作计数；美学性能方面，红砖可摆设各式各样的花纹，刻出各种图像，用于艺术造型等。

如有人提出"曲别针有什么用途"的问题后，我们不再就它能"钩、挂、别、连"的用途上单一方面去考虑了，而是从曲别针的材料、质量、体积、长度、硬度、弹性、形状等要素进行分析，展开异型发散，就会得到成千上万的不同答案。

（3）注重思考的独特性。在思考问题的时候，尽可能多地提出一些假设，从新的角度去思考独特的解决问题的答案。

（4）有意识地进行自我训练。发散思维训练内容在日常生活中，以及在中学各门课程的学习中都可遇到，关键是要善于捕捉，经常训练。

另外，相对于发散思维的集中思维，是指从发散思维中所获得的众多设想中，依据目标的需要，从可行性与价值性两方面去评价和优选。因为它是集中到实现目标的需要上来思考，因而称之为集中思维。寻找惟一正确答案的思维方式我们用得较多，在此不再单独提及。

5. 想象力的培养

牛顿万有引力定律的发现是利用想象得到的。他首先是从苹果落地的现象而开始想象的。其想象的过程是这样：

苹果熟了会从苹果树上掉下来，如果苹果树再高一些，苹果也会掉下来，倘若苹果树有从地球到月亮那么高，那么苹果会掉下来吗？如掉下来，则月亮为何不掉下来呢？这时，牛顿的思路又从月亮回到地球。假设在地球的一个高塔上发射子弹，如果不考虑空气的阻力，那么当初的速度较小时，会沿着抛物线落到地球上。而当子弹的初速度大到一定程度，使子弹运动的抛物线轨迹与地面表面的弧线平等时，子弹就永远也不会落到地球上。这时子弹走的是圆周轨道，既然是圆周轨道，就存在离心力和向心力的平衡，这个向心力就是地球与月亮之间的引力。由此，牛顿产生了万有引力的思想，并导致最后创立了万有引力定律。

发明创造是离不开想象的，想象犹如发明创造插上了展翅高飞的翅膀，更重要的是，想象是发明创造的先导。

牛顿万有引力定律的创立，并不是看到了苹果落地和高塔发射子弹的情景而立即想象到的，而是头脑中已经有了苹果树、苹果从树上掉下来、地球是圆的、高塔、发射子弹、抛石头时呈抛物线运动等形象，然后通过大脑的加工、想象，把这些想象出来的形象重新组合，才形成了上述思路。这种在已有形象的基础上，经过重组联合而创造发明出新的形象的思维活动，就叫做想象。那么，这种创造发明出新的形象的思维活动的能力，就是想象力。

历史上有许多杰出的科学家无不借助于想象的翅膀才取得其卓越成就的。开普勒提出行星运动之定律，哈维发现血液循环，拉瓦锡建立科学的燃烧理论——氧化学说，法拉第提出力线和场的观念，普朗克创立量子理论，爱因斯坦的相对论等等，都是以创造性想象为先导的。

想象对于发明创造如此重要，那么，我们怎样才能展开想象的翅膀呢？许多创新性人才的成功经验告诉我们，就是要让自己掌握一些打破常规的想象方法。

常规的想象方法一般是指静态地、单一地去看待事物，而进行想象的过程。如图"♂"，它像什么？常规地想象，得到的是它像"一只气球"、"带线头的毛线团"、"一只苹果"、"一种女式帽子"等答案。

如果打破常规的想象：

（1）从动态的方面进行想象，我们就可以得到它像"盆中正跳出一条鳗鱼"，"正在燃烧的手雷"，"一条虫子正在吃苹果"等多种答案；

（2）改变观点进行想象：

①宏观方面，我们就可以得到它像"站在月球看到地球正刮龙卷风"，"一颗即将靠近地球的彗星"等多种答案；

②微观方面，我们就可以得到它像"正在分裂的细胞"，"一种细菌正在吞噬另一种细菌"等多种答案；

（3）从童趣方面进行想象，我们就可以得到它像"秃子头顶一根毛"，"碗边有一条粉丝"等多种答案；

（4）从特殊的生活经历方面进行想象，农民就可得到它像"晒豆角的盘子"的答案，工人就可得到它像"带提绳的安全帽"的答案等。

实践证明，通过一些系统的训练和在实践中的运用，我们的想象能力是可以达到一个较高层次的。

6. 联想能力的培养

联想就是从一个概念想到其他概念，或者从一个事物想到其他事物的思维形式。例如，头脑中原有对某友人的记忆，由于见到一位与他穿戴相同服饰的人，就会很快想到那位友人，以及和他在一起时的种种情景，这就是一种联想。

联想在发明创造中主要有两种作用：

一是通过联想提出创新目标。许多人想搞革新、搞发明，但不知从何入手，常常苦于没有课题。其实，在我们日常生产和生活中经常会遇到问题，只要动脑子去想，往往可以得到许多有益的启示。比如，生产出了故障，可以想想是什么原因造成的，用什么方法使生产少出或不出故障，有哪些解决类似问题的方法可以使用等。特别是在碰到一些有趣的现象或意外的情况时，更不要轻易放过，很可能这会使你产生新颖的有价值的想法。例如，德斯特拉尔很喜欢打猎，每次打猎回来，衣服上都粘很多大蓟花籽。他用显微镜观察，发现籽上有很多小钩。由这个发现，他联想到如果用尼龙做成一面带小钩，另一面带小圈圈的搭扣一定很好用，从而发明了尼龙搭扣。如果德斯特拉尔对花籽粘在衣服上只是感到讨厌，不仔细观察，不进行联想，他也不会抓住这个有价值的发明课题。

二是通过联想沟能创新思路。在发明创造过程中，往往遇到的问题比较棘手，百思不得其解，一时找不到理想的解决办法。这时，你尽量去联想类似的现象，遇到任何事情都尽量同你要解决的问题联系起来，很可能会收到意外的效果。例如，某单位一位职工研制一种药的原料，因实验过程中的化学反应可能会发生爆炸，危及人们的生命安全，不敢贸然行事。正在他无计可施，实验迟迟不能进行时，电台传出我国地下核试验成功的消息。这位职工马上联想到他的实验也可以在地下进行，一下子问题就解决了。

联想的这两个实例说明，任何事情都有多种属性。两个事物只要有一种属性相似或相同，就可以通过联想在它们之间建立联系，做到"异中求同"，从而受到启发，取得创新成果。

按照联想的各种事物之间的关系，可以把联想思维分为自由联想与强制联想等两种形式。

自由联想

自由联想的主要形式有接近联想、相似联想、对比联想、类比联想、溯因联想、求果联想等。下面主要介绍接近联想、相似联想和对比联想。

（1）接近联想

接近联想是从一个事物想到与之接近的事物。所谓接近，一是指事物之间在时间上前后伴随，如从确定发明项目，想到提出措施、设计试验、制造模型、实施投产；二是指事物在空间上有密切联系，如从森林想到木材，想到制作家具等等。

善于联想的人，总是经常能够从一种事物想到与之接近的多种事物，然后通过试验，解决生产和生活中的问题。例如，如牛场给奶牛听了音乐，能多产奶。蛋鸡场给鸡听音乐，能不能多产蛋？有的蛋鸡场做了试验，在 5000m^2 的大鸡舍内，给两万只母鸡放优美的音乐，结果平均蛋重增加，饲料消耗降低，两年共增产蛋 1.7 万千克。

还有，乙炔能切割钢板，能不能切割水泥？经过研究试验，研究出了乙炔切割水泥的工艺。

（2）相似联想

从一件事物的感知或回忆引起对与它的性质上相近或相似的事物的感知与回忆，称为相似联想。在创造活动中，相似联想与接近联想不同之处，是不受两个事物是否接近的限制，有时两个事物表面上看来差距很大，但只要它们在某一方面或某些方面有相同或相似之处，就可以运用相似联想把它们连结起来，把对某个问题的解决办法用到解决另一个问题上去。这样，有助于把创造思维由一个技术领域转移到另一个技术领域，从熟悉的领域引导到陌生的领域。

我国建筑工匠的祖师——鲁班发明锯的过程，就是运用相似联想的典型事例。有一次，鲁班造一座宫殿，需要很多大木料，就叫他的徒弟用斧子上山去砍树。一天砍不了几棵，鲁班很着急，亲自上山去看。山很陡，他抓住树根和杂草，一步一步往上爬。突然，手指被一根小草划破了。小草怎么会这样厉害？鲁班仔细一看，发现小草的叶子边上有许多小齿。他试了试，在手指上一拉就是一道口子。他想，如果照小草的叶子那样，用铁打一把带齿的工具，在树上来回拉，不是比用斧子砍强得多吗？他马上回去打了一把，一试，果然比用斧子砍又快又省力。鲁班就这样发明了锯。

（3）对比联想

对比联想是由给定事物联想到在空间、时间、形状、特性等方面与之相反的思维活动。

例如：光明→黑暗　放大→缩小　船→潜艇

1901 年出现的除尘器是吹式的，当在伦敦某火车站的一节车厢里表演时，这种除尘器曾将车厢里吹得尘土飞扬，叫人透不过气来。这个现象引起了一位名叫赫伯布斯的在场者的注意。他想：吹尘不行！那么反过来吸尘行不行呢？回家后，他用手绢捂住嘴趴在地毯上使劲吸气，结果灰尘被吸滤到手绢上了。赫伯布斯因此发明了带灰尘过滤

装置的真空负压吸尘器。

强制联想

将两类并无内在联系的事物因某种需要而强制联系起来的思维方式即为强制联想。

如 1997 年在第十届全国发明展览会上获得铜奖的记事发卡，便是一个强制联想发明创造获得成功的实例。

刘旭同学的小姨是一位经理，经常为丢掉记事本而苦恼。刘旭便用音乐门铃的元件、小磁块、塑皮本、女式手袋，发明了一种防丢笔记本。它的原理是以小磁块做开关，把它装配在女式手袋中，塑皮本内安装上音乐门铃的线路，当人们从手袋中拿出塑皮本时，塑皮本就开始发出音乐，直至当使用者将塑皮本放入手袋中时，音乐声才停止。刘旭把它送给小姨，小姨很高兴，夸刘旭肯动脑筋。可不久，小姨把它又退还了刘旭。小姨说丢是不全丢，可写字的时候音乐吵人；另外，体积也较大，不便于携带。刘旭没有泄气，又继续进行探讨，边观察边思考。一天，刘旭看见小姨梳头时，扯下了一个漂亮的大发卡。梳好头后，她又赶紧把它别在头发上。这时刘旭想，小姨特别爱戴漂亮的发卡，设计一种能记事的发卡问题不就解决了吗？刘旭高兴极了。从此，他便悄悄地干起来。通过一个假期的努力，一个新颖别致的记事发卡便在刘旭的手中诞生了。本来，发卡与笔、笔记本是两类毫不相干的事物，为了某种需要，小发明人硬是把它们联系起来，并获得了成功。人们在欣赏这项发明的成功之处时，无不为这种强制联想的方式叫好。

实践证明，将联想思维分成若干类型进行训练，有助于较快地提高联想思维的能力。但在创新过程中不能预先规定好使用哪种类型的联想去帮助创新，只能是让联想去自由地发挥。因此，我们还要加强多种联想的综合训练，采用综合联想链的方式进行。

综合训练可以分三步来进行：

第一步，从给定信息出发，尽可能多地用到各种类型，形成多种多样的综合联想链。如：

鸡 $\xrightarrow{\text{相似}}$ 鸭 $\xrightarrow{\text{类比}}$ 船 $\xrightarrow{\text{对比}}$ 潜艇 $\xrightarrow{\text{接近}}$ 潜望镜

在这一阶段，仍以追求数量为主要目标。

第二步，给定两个没有关联的信息，寻找各种各样的联想链将它们联结起来。例如，试建立一个从"粉笔"到"原子弹"的联想链。我们可以这样建立：

粉笔→教师→科学知识→科学家→爱因斯坦→原子弹

在这一阶段，可以不标明类型，要追求联想的速度和数量其中主要是联想链的数量。

第三步，寻找任意的两个事物的联系，可以省去联想链，但要建立两个事物间有价值的联系，并由此形成创造性设想。也有人称这一阶段为强制联想阶段。前苏联曾有200多个发明学校，其中一个发明学校在进行这一阶段的训练时，每人发一本带照片的商品目录，要求任意翻出两页后对上面的商品进行强制联想。一个工人一次翻到的两个商品是自行车和电线杆。他经过强制联想，发明了一种能爬电线杆的自行车，代替了用脚钩爬杆，使电工爬杆机械化。

7. 灵感的捕捉训练

灵感的含义与特点

"灵感"两字来源于古希腊文，原意是"神的气息"。唯心主义者把它神秘化，说它是"人与神的沟通"。现代科学证明，灵感是大脑的一种特殊机能，是人的一种高级的感知能力，也是一种富有特色的创造性思维。

灵感又称顿悟。在文学艺术领域，美妙的诗句在诗人头脑中油然而生，奇特的构想在作家心中瞬间涌现等等现象被称为灵感。在科学研究和创造发明领域，灵感则是指突如其来的对事物本质或规律的顿悟和理解，或者是解决问题的创造性设想突然闪现的现象。

灵感作为一种典型的非逻辑思维，其特点主要是：

（1）随机性。即偶然性、不确定性。就是说创造性想法的产生，在什么时间、什么地点、什么场合很难确定，常常是意外地受到某种事物的刺激而突然产生的，具有意外性的偶然性。灵感不是由逻辑思维或像数学证明那样一步一步推导出来的，而是具有不期而遇的性质。

（2）暂时性。就是说灵感闪现稍纵即逝，所以人们把灵感比做火花，比做闪光，形容它出现得短暂，一闪就灭。宋朝诗人苏东坡把在作诗中捕捉灵感比喻为"作诗火速追亡捕，情景一失很难摹。"，以此形容灵感来无影去无踪，抓灵感要像抓逃犯那样十万火急，不能有半点疏忽。许多科学家告诉发明者，身边要准备笔记本，随时出现创造性想法一定要立刻记下来，就是这个道理。

（3）认识的突破性。灵感往往标志着认识上的突破。我国著名作家夏衍说过："所谓灵感只不过是作家从生活实践中长期积累起来的素材，从量变到质变，那一瞬间迸发出来的火花而已。"灵感所以又称顿悟，就是因为认识上出现了飞跃，是一下子抓住了事物的本质，达到理性认识。

（4）感情的波动性。就是说灵感的产生大都伴随着情感的波动。在灵感出现前会有情绪激动和不安，在灵感出现后又会有顿悟时的惊喜和情绪的高涨。爱因斯坦在描绘自己创立相对论的心情时写道："在最后突破、豁然开朗之前，那黑暗中我感觉到了却又不能表达出来的真理进行探索的年月，那强烈的愿望，以及那种时而充满信心时而担忧疑虑的心情，所有这一切，只有亲身经历过的人才能体会到。"

灵感的产生

灵感产生有突发性，但绝不是凭空而来的，而是长期辛勤思考的结果，也可以说，在灵感闪现之前有个充分酝酿阶段。在这个阶段，创造者经过冥思苦想，对问题作了各种试探性解决，有时，仿佛答案就在眼前，但仍理不出头绪。这时，往往精神高度兴奋，情绪激动不安，饭吃不香，觉睡不好，无论做什么，问题总在头脑中萦绕，达到挥之不去，驱之不散，才下眉梢，又上心头的境界。在这种情况下，遇到某些刺激，如在阅读、交谈中得到某种闪光的思想启示，或受到某种现象的启发，或在睡梦中和无意识遐想出现的思想火花，解决问题的办法脱颖而出，豁然开朗。由此可见，不经过充分酝酿、冥思苦想，不付出艰苦努力，灵感是不会出现的。

"诺贝尔奖金"的创建人诺贝尔，一生致力于炸药的研究。在他把硝化甘油和硅藻土混合制成安全炸药后，运输和贮存的问题解决了，但炸药的威力却小了。为了发明既安全、威力又大的炸药，诺贝尔每天搜集资料，积累数据，做了大量艰苦的、非常危险的试验。他耗费了十几年的心血，研究工作仍无进展，几乎陷入绝境。一天，不慎在试验中划破了手，他用哥罗丁敷抹伤口。夜里，手指疼痛难以入睡，脑海中突然闪出了一个念头，能不能用与哥罗丁相似的硝棉胶做炸药？他立即跑到楼下去做实验，结果，既安全、威力又大的新型炸药——胶质无烟火药研制成功了。

灵感与潜意识

（1）潜意识的概念

潜意识也叫下意识、无意识，是没有被意识到的意识，是对事物不知不觉的体验。奥地利心理学家弗洛依德把整个大脑的功能比喻成一座海上的冰山，自觉的意识功能只是露出海面的一角，而潜藏在海面下的庞大冰山则是潜意识的功能。他认为："潜意识是我们人类智慧的仓库，在潜意识中潜藏的智慧，不分昼夜、不停地工作着，可以转变为情感或创造的灵感。"

有关学者还发现，潜意识不仅潜藏着包括幼时的经历、耳闻目睹的事物，实践中形成的感觉、知觉、印象、经验和体会，以及学到的知识、理论和方法等等，甚至还包括遗传下来的人类祖先所体验过的知识、感情。它们储藏在记忆的深处，一旦遇到必要的条件，就会发挥作用，或支配感情，或形成绝妙的构思，跃进意识范围，形成有价值的设想。

（2）调动潜意识

如何调动潜意识？根据现有的认识和许多科学家的经验，注意以下两点是有意义的。

一是高度的意识努力带动潜意识的方向。灵感孕育在潜意识之中，但它又离不开显意识的参与。灵感的产生，是显意识和潜意识相互融通、交互作用的结果。从心理学角度分析，围绕某一目标进行长期的刻苦钻研，也就是作了高度的意识努力，大脑皮层就会形成优势灶。在这种情况下，大脑对外部刺激的敏感性大大提高，一切因素都能使它发生兴趣，达到一触即发的心理状态。这时，一切下意识的潜意识的不经意的思考，都可能与所研究的问题联系起来，诱发出灵感。这种现象就是高度的意识努力带动潜意识定向。可以说，高度的意识努力，是调动意识功能的前提。

二是自我调节和触媒刺激。在高度紧张地进行思考时，注意力只限于很窄的方向，潜意识处于抑制状态。为了调动潜意识功能，当解决问题陷入困境，百思不得其解，或过度疲劳时，要善于进行自我调节，把问题暂时搁置起来，松弛一下头脑。如，出去散散步，晒晒太阳，洗个澡，打个盹，同人交谈，或干点别的事，把有意识的努力暂时放下，让潜意识发挥作用。这时，可能会受到意外的刺激而闪现灵感，沟通创造思路。也就是说，摆脱自觉的意识思考的束缚，是调动潜意识功能的必要条件。

8. 发明创造活动的基本要求

要发明创造，首先必须具有创新精神和创新热情

这就是要有热爱科学事业的巨大热忱，要有为造福人类而渴望解决科学技术问题的强烈要求，要有为祖国、为人民而攻克科学堡垒的坚强的决心和信心。爱迪生的座右铭是："我探求人类需要什么，然后我就迈步向前，努力去把它发明出来。"一个科技工作者如果没有强烈的创新意识和创新热情，是不会有创新的实践和成果的。

所有在科学技术上作出创新贡献的科学家、发明家，都具有强烈的创新热忱。琴纳（*1749～1823*）发明种牛痘征服天花是一个很好的例子。琴纳是一个立志终身为农民服务的英国乡村医生。那时，天花是一种不治之症。琴纳从挤牛奶的农妇从来不患天花这一现象，研究出用人工接种牛痘预防天花的办法。他先在动物身上试验，后来决定在儿子身上试验。妻子和朋友都强烈反对，但他信心十足，成功地进行了试验。*1796* 年，他成功地为许多人接种了牛痘。由于种痘法的传播，终于在全世界消灭了天花病。今天，天花病毒只保留在某些国家的七个实验室里供研究之用。巴黎有一尊琴纳的塑像，下面刻着："向母亲、孩子、人民的恩人致敬。"

要有敢于破除迷信、破除陈旧观念的革新精神

美国物理学家施温格认为，科学家必须具备的素质，就是对自然的"进攻性"，不要迷信书本和权威，要敢于冲破传统观念的束缚。要认识到，科学的发展要经历肯定否定的曲折过程，要经历从不完善到比较完善、从比较完善到更为完善的过程。

牛顿对光学作出了很大贡献，他认为光是由高速运动的粒子所组成，即光的"微粒说"。"微粒说"解释了许多光的现象，但对有些问题无法解释。后来荷兰物理学家惠更斯提出光是波的学说。这两个学说争论了大约一个世纪。但由于牛顿的巨大权威，流行的还是"微粒说"。到了1801年，英国医生兼物理学家托马斯·扬站了出来。他说："尽管我仰慕牛顿的大名，但我并不因此非得认为他是万无一失的。我遗憾地看到他也会弄错，而他的权威也许有时甚至阻碍了科学的进步。"托马斯·扬冲破了对牛顿的迷信，大胆质疑，做了一个光的干涉实验，大大推进了光的"波动说"，并得到了大家承认。这是，"微粒说"似乎是被否定了。但是，事情的发展是曲折的，以后的许多实验结果又把光的"波动说"赖以生存的"以太"给否定了。在总结了一系列科学成就的基础上，爱因斯坦提出了光量子学说，认为光是以量子形式穿越空间的。这样，他又复活了光的粒子概念，但不是简单的复活，光量子兼有波的性质和粒子的性质，这就相当圆满地解释了光的许多现象。

科学史上这样的例子是很多的。事物在发展，科学在前进，停止的观点、无所作为的观点是没有根据的。在科学上，轻信权威就可能扼杀智慧，对权威的迷信是捆绑科学的绳索，对书本和权威要尊重，但不要迷信。只有解放思想，破除迷信，才能为科学的发展作出贡献。

要有彻底的唯物主义态度

实践是检验真理的惟一标准。一个科学理论正确不正确，就是看它是否符合实践。科学史上，所有有创见的科学家都忠于事实，从实践出发，而不是从书本出发。否则，是不会有创新的。

关于氧气的发现就是一个很好的例子。在18世纪末以前，人们认为一切可燃物都含有一种物质——"燃素"。1774年，英国化学家普利斯特利（1733～1804）在加热汞的化合物时发现分解出一种比空气更易于促进燃烧的气体。本来，他发现的就是"使化学发生革命的元素"氧，但是，由于受着燃素学说的束缚，他主观地认为所发现的是什么"脱燃素空气"。后来，普利斯特利访问巴黎时，把他的发现告诉了法国化学家拉瓦锡（1743～1794）。拉瓦锡在过去的研究、实验中，对"燃素说"已有怀疑，因此他很敏感地认识到普利斯特利发现的重要性，立即进行了重复试验，并作了定量分析，终于发现了氧，推翻了当时占统治地位的"燃素说"，把化学这门科学向前推进了一大步。

要有创新的勇气和胆识

创新就是要冲破传统观念，而这往往会受到旧观念、旧势力的指责、讥笑、打击、围攻。因此，要创新就必须有创新的勇气和胆识。

爱因斯坦在1905年提出狭义相对论时，全世界只有12个人知道什么是相对论。不仅大多数人表示怀疑，而且像马赫、彭加勒等一些大科学家都表示了反对的意见。但爱因斯坦没有动摇，继续研究下去，又创立了广义相对论。如果当时爱因斯坦缺乏勇气，受到讥笑打击就泄了气，那就可能前功尽弃。

要有坚持到底的毅力

创新是和探索联系在一起的，探索是创新的前提，创新是探索的结果。创新，首先是向未知领域探索。探索，就免不了要遇到挫折和失败。因此，创造性的活动是一种高度复杂的意志活动。只有具备了不屈不挠的毅力和坚持到底的恒心，才能得到创新的成果。贝弗里奇说："年轻的科学家应该尽早懂得，科学研究的成果来之不易，他如想获得成功，必须具有耐力和勇气。"他还提出，应该培养自己具有爱迪生那样的一往无前的精神："我既然在寻找世界上需要的东西，我就一直寻找下去，并且试着创造它。"

要有永攀高峰不断进取的精神

创新是没有止境的。科学技术前进的步伐在不断加快，一个科技工作者如果在已有成绩上停留，就可能成为落伍者。对于科技工作者来说，失败和挫折是一种考验，成功和胜利也是一种考验。要做到不断创新，从思想修养上说，就要戒骄戒躁。自满是进步的敌人。一个科技工作者如果自满了，那么，他的科学生命的光辉就会黯然失色。

许多优秀的科学家在科学的征途上永远拼搏，不断创新，保持着科学生命的青春。卢瑟福（1871～1937）是英国物理学家，在原子物理学方面作出了重大贡献。他在 1899 年发现了放射性辐射；1902 年提出原子自然蜕变理论，冲破了原子不可再分的观点；1911 年发现了原子核的存在，提出了原子结构的行星模型；1919 年用 α 粒子轰击氮原子，使之变为氧的同位素，第一次实现了元素的人工嬗变；1920 年预言了中子的存在。卢瑟福的一生是永攀高峰、不断进取的一生。

我国数学家杨乐说："人生几十年，可以说相当短暂，如何在这有限的时间里为祖国为人民多做些有益的事物，是值得我们每个人认真思考的。"他小时候发现很多数学定理是以外国数学家的名字命名的，就想："为什么都是些外国人的名字呢？难道中国人就不能为数学发展做出贡献吗？"他决心"一定要把中国人命名的定理，写进未来的数学书上"。爱国热情鼓舞他不停地向数学科学的高峰一级一级地攀登。他看到一些大数学家的经典著作中常用"显然"二字把一些证明步骤省略了，就偏偏不放过这些"显然"，把每一步骤都补齐，靠笨功夫练出了真本领。政治的风浪，疾病的折磨，都没能阻挡住他向科学进军的步伐。他说："国家需要科学，人民需要科学。"凭借百折不回的毅力，他攀上了函数论的高峰。从 1973～1978 年，他同张广厚合作，在函数值分布论方面取得了优异的科研成果，为祖国争得了荣誉。在成就面前杨乐没有止步。当他发现国际上在函数论方面又出现一个新的分支——H^p 空间时，就决心"一定要为祖国填补这个空白"，他又向着新的领域发起进攻。从 1979～1982 年，他又写出 12 篇科研论文。他说："科学是不断发展的，国外的学者也在继续前进。我们必须更加努力，向新的高峰攀登。"

要有严肃的科学态度

我们说的创新是科学的创新。我们讲要破除迷信，解放思想，就是讲思想要符合科学，符合客观事件发展的规律。从认识方面讲，科学技术的创新必须有事实的基础和科学的根据，要排除那些没有科学根据的妄想。

例如，从 13 世纪以来，有人就开始研究、设计永动机。人们从浮力、水力、热能、光能、化学能、磁力、电力等各个方面来摸索永动机的原理和结构，经过了 800 年的努力，但都失败了。到了 19 世纪中叶，科学家们终于发现了热力学定律，从而宣布了永动机是不可能的。但是在这以后，还有不少人妄图发明永动机，其中有的是科学骗子，更多的是缺乏科学基本素养的妄想家。因此，我们提倡科学的创新，一定要排除那些科学的妄想。同时，即使是属于有科学根据的创新，也必须有明确的目的性和现实的可能性，要从社会的需要出发，还要有必要的技术水平的支持，否则也是不可取的。

青少年的发明成果与科学家、发明家的成果相比，确实存在着很大的差别，但发明过程及思想方法都是相同的。青少年的一项小发明成功，也可以说是其创新精神物化的体现。

发明创造活动是一项实践性很强的活动，极有利于青少利实践能力的培养。青少年要完成一项发明作品，从选题到制作成型，必须进行一系列的动脑动手实践活动，离开了实践，就不可能有发明创造诞生。而且这种实践是一种具有高度的综合性的实践，其他形式的一般实践活动是无法替代的。

而创新精神和实践能力是创造人才的基本特征，因此，青少年发明创造活动的作用就在于能使广大青少年成长为创造性人才幼苗，就是要最大限度地开发青少年的创造力。

9. 创造与创造力的发掘

创造的含义

创造，这个制造奇迹的摇篮，人类一直对它一往情深。为了深刻研究这个制造奇迹的摇篮，人们合乎情理地把人类一切活动分为两个主要类别：再造性活动和创造性活动。

再造性活动占人类活动总量的绝大部分，它量大、面广，和绝大多数人休戚相关。在农业社会，人们日出而作，日落而归，春播、夏作、秋收、冬藏，年复一年，代代相传。现代工业，各种工艺要求以技术法规的形式下达给操作者严格执行，最好做到产品与样品一模一样。

相反，曹冲称象，阿基米德判断金冠真伪，米开朗基罗完成"摩西雕像"，以及小女孩孟杨发明的两面敷有不干胶的软塑料薄片"软图钉"（一面贴在黑板上，一面贴教学挂图），是不能靠查现成的"手册"、"资料"或者"学习"所能完成的，必须进行构思、求索才能实现，这就是所谓的创造性活动，就是依赖现有知识和经验，不能直接完成，必须经过一定的变革和突破才能实现的活动。

创造性活动占人类活动总量的比例不太大，但影响很大；参与的人数不太多，但作用突出。

人类创造成果令人眼花缭乱，相互之间差异之遥远又令人吃惊。它可能是一个新规律的发现，也可能是一首绝妙的好诗，还可以是竞技场上克敌制胜的新招，甚至是一句人们闻所未闻的幽默话等等，在人类活动的任何领域，都找得到它的踪迹。

正由于这两种活动各有鲜明的特征，人们才不把它们混为一谈。然而，它们毕竟是人类活动的两个侧面，它们之间没有鸿沟，相反，却存在一大片中间地带，即各种再造性活动可以增加创造性色彩，这样就会给平淡无奇的平凡活动注入可贵的活力。日本有的汽车螺栓将尾柄制成内凹圆窝，既不影响使用，也不影响美观，却节约了材料。有人测算一辆旅行车的螺栓这样处理后，重量几乎可减轻 50 千克左右，即可多载一人，节能的效益显著。小小的改进，明显的效益，这仅是问题的一个方面，更重要的是这个中间地带是通往从事创造活动的桥梁，多少个杰出的创造者都是通过这个桥梁最后取得了辉煌的业绩的。

创造的本质是反传统的，它往往是对习惯的挑战；同时又是继承与借鉴，新成果要吸收原来体系中积极合理的成分，抛弃陈腐落后的东西，在这个基础上向前发展。因此，创造——这种推陈出新的活动，不是简单的彻底割裂，而是科学的扬弃。

同时，我们可以发现，再杰出的创造性成果，在历史的档案里都可以找到它的"双亲"。因此，所谓的独创问题，实质上是推陈出新的一次飞跃。

事物往往有两重性，炸药可以开矿筑路，也可以用于战争。怎样评价这项发明呢？这类问题要看它的主导方面。它开矿筑路造福于人类，是它的主导方面。至于战争，也有正义与非正义之分，而且它本身并不是引起战争的因素，只是战争的手段，没有它，战争照样进行，只是方式不同。因此，它对人类社会起推动作用是主要的方面，所以炸药的发明属于创造的范畴。

综合起来，创造就是人类运用智慧进行推陈出新，使事物发生性质突变，生产人们所需要的"前所未有"的物质产品与精神产品，从而推动社会文明进步的活动过程。它是一种极其复杂的高级的劳动形式。我们通常所说的发现、发明、革新、创见、创作等分属于不同领域、不同类型的创造。

创造力

既然创造是一种最高级的劳动形式，那么，从事创造活动的人们就必须具有最高层次的能力，即创造力。因此，我们在了解创造力之前，首先要了解能力。

（1）能力

什么是能力？能力就是能够顺利完成某种活动的个性心理特征。

人的能力是多方面的：有人擅长打球，有人擅长游泳，有人擅长绘画，有人擅长音乐，有人擅长舞蹈，有人擅长写作，有人擅长工科，有人擅长理科，有人擅长表演，有人擅长雕塑，有人擅长管理，有人擅长演说……因为任何一项具体工作，都有其特殊的环境、条件和内在的多种因素。完成这项工作，就要有与其相适应的个性心理特征，即相应的能力。

人的能力是多层次的。知识和经验是能力的基础，一个人随着年龄增长，体力逐渐增强，智力逐渐发展，活动范围不断扩大，知识与经验越来越丰富，因而，人的能力也一步一步地得到提高。对同龄人作一番横向观察，由于主客观条件的不同，他们的能力也有高低之分，显出层次。也就是说，不同年龄的人之间和同龄人之间，都会显示出能力的不同层次。

（2）创造力

创造力，即创造能力，也可以称之为创造才能。它是人所具有的、运用已知的信息产生出某种新颖、独特、有社会或个人价值的物质或精神产品的能力。

创造力是极复杂的综合能力，由认知和个性两方面因素构成。

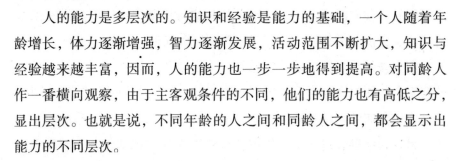

创造性思维是创造力的核心成分，但是任何创造性活动都不单纯是创造性思维的作用，而是再现性思维与创造性思维的有机结合。解决任何问题都必须在已有知识经验的基础上，根据问题的复杂或新颖程度，决定再现性和创造性思维在其中所起作用的比重。比较简单的问题主要依靠再现性思维就能解决，复杂问题主要靠创造性思维对原有信息进行改造，重新组合，获得新的解决方案或产生新的、独特的产品。

一般讲，科学家和儿童、青少年的创造性思维没有原则性差别。他们有着共同的心理规律。但他们探求新知识的条件不同，导致思维活动水平有差异。科学家的创造结果表现为产品，而学生未必如此。为表明这种差别，有的研究者主张把青少年的创造性思维称为"始创性思维"。

创造性想象是按照自己的创见来形成新的形象，它在创造性活动中是十分重要的因素。文学家对人物形象的构思，发明家对产品或工具形象的想象，学生的创造性游戏、绘画，都离不开创造性想象。爱因斯坦说："想象比知识更重要。"可以说没有想象就没有创造。尤其是儿童、青少年的创造性，多表现为创造性想象。

观察力的重要性也是不容忽视的。富于创造性的人，往往有敏锐的观察力，能够察觉常人易忽视的问题或现象，从而捕捉住各种机遇。记忆力在创造性活动中的地位，一直没有定论。

另外，在创造过程中，心理活动使得人的知识和经验、观察和思考、智慧和技能、直觉和灵感、动机和意志、情感和气质、道德和理想等等多种心理品质和个性心理特征纵横交错地交织在一起，时而波动，时而和谐，时而冲突，时而缓解。一个医生出奇地暴躁，一位教师出奇地沉默，都可能是新的医学和教育奇迹出现的前兆。科学家、发明家、文学家、艺术家、军事家、政治家，都曾有过这种情形。

当然，这里所说的"交织"，并不是杂乱无章的。在犹如乱麻一般的现象背后，正是规律。不论是具有高超创造力的天才，还是从事各种具体工作的平凡者，以及青少年学生，他们在从事各种各样的创造活动时，都有着相当稳定的共同的心理活动规律。

（3）两种创造力

前所未有的首创是创造力的本质特征，因而也是创造力分类的根本依据。创造力按不同的标准有不同的分类。按照杰出人物与青少年学生相比较的创造力来分，可以分为人类首创性和个体首创性两种。

①人类首创性

对于全人类来说前所未有的首创性，即为人类首创性。例如，我国古代的四大发明，莱特兄弟发明的飞机，维特提出的控制论等等。发明家的新发明，科学家提出的新理论，都属于这种首创性。

②个体首创性

对于某一人类个体来说，具有前所未有的首创性，我们称之为个体首创性。

③人类首创性与个体首创性的关系

首先，个体首创性是人类首创性的基础。随着人类社会的发展，人类首创性不断地由低级向高级发展。而任何时代的人类都是由人迷个体组成的，每一个体也都有一个由不成熟到成熟的发展过程。人类的创造才能与个体的创造才能，其内涵是很不相同的。但就其发生、发展的过程看，杰出人物的创造力都有一个由低级向高级的发展过程。所以，没有个体首创性的台阶，就没有人类首创性的殿堂。同时，人类首创造性又有个体首创性的必然结果。另外，任何时代的杰出人物的伟大创造，其赖以成功的知识和智慧，既是人类历史上精神财富的延续的结果，也是人类个体从小到大不断吸收与积累的结果。

从历史进程看，人类总是不断地发现、发明和创造的。这个任务又总是不断地落到年轻一代身上，现代社会尤其如此。实际上，中小学生继承前人知识经验的过程（学习过程），也是学生的头脑再加工的过程，在这个意义上，学生的学习活动本身也具有创造性。

青少年学生的创造力大多属于个体首创性类型。但这也是很有意义的。今天，学生能够发现前人已经发现的东西，将来才能发现前人没有发现的东西。杰出人物与青少年的创造力，区别固然有，但其千丝万缕的内在联系也是客观存在的。这样看来，未来需要的富于创造性的人才，必须依赖今天青少年学生创造力的健康发展。

人人都有创造力的禀赋，青少年学生的创造潜能是深厚的，关键在于开掘这种潜能的条件如何。这样看来，使家庭的、学校的、社会的等诸多训练适合于青少年学生的创造力的发展，就是一件极其重要的事情了。

此外，有的学者把创造力分成不同层次，即根据创造成果的新颖独特性和价值大小的不同分成五个等级。它们是：表达式的创造力、生产式的创造力、发明式的创造力、革新式的创造力和高深的创造力。还有的学者分析创造力的动态结构，提出创造过程四阶段论，即准备阶段、孕育阶段、明朗阶段和证实阶段。

这些理论可以使我们从不同的角度来认识创造力。

（4）创新与创新能力

《现代汉语词典》中认为，"创新"是指"抛开旧的，创造新的"。即是说，"创新"是指一种弃旧图新的精神和行为。在这种词义学概念基础上，人们广泛使用创新意识、创新精神、创新能力、创新成果、创新人才等术语。从广义上讲，这里所指的"创新"、"创新能力"与上面提及的"创造"、"创造能力"的基本含义是相似的。至于它们之间的细微差别，需要我们在今后的学习中了解、掌握。

10. 创造性人才的基本特征

显然，要通过青少年发明创造活动使广大青少年成长为创新人才，首先就要明白创新人才的基本特征。这里介绍国外一些对高创造性儿童、青少年特征的看法。有关儿童、青少年创造性高低的测试，国际上常用的是"多兰斯法"和"托拉斯法"。

多兰斯法

多兰斯提出的儿童、青少年创造性测试有 *17* 条：

（*1*）常常专心致志地倾听别人的讲话；

（*2*）说话或作文时常常使用类比或推断；

（*3*）能较好地掌握阅读、书写和描绘事物的技能；

（*4*）喜欢对权威性的观点提出疑问；

（*5*）爱好寻根究底，弄清事物的来龙去脉；

（*6*）爱好仔细地观察东西；

（*7*）非常希望把自己的发现告诉别人；

（*8*）即使在干扰严重的嘈杂环境里，仍埋头于自己的研究，不大注意时间；

（*9*）常常能从乍看起来互不相干的事物中找出相互间的联系；

（*10*）即使走在街上或回到家里，仍然喜欢反复思索课堂上学的东西；

（*11*）有较强的好奇心；

（*12*）常常自觉不自觉地运用实验手段进行研究；

（*13*）喜欢对事物的结果进行预测；

（*14*）很少有心不在焉的时候；

（*15*）常常将已知的事物和学到的理论重新进行概括总结；

（16）喜欢自己决定学习和研究问题；

（17）喜欢寻找所有的可能性，常常提出："还有别的办法吗？"

托拉斯法

美国著名教育心理学家托拉斯经过长期潜心研究，认为以下21条是高创造性儿童、青少年的特征，也是创造力测试的有效尺度。

（1）听人讲话，观察事物，行动专心一致；

（2）口头或文字表达时能用类比方法；

（3）全神贯注地读书或书写；

（4）完成教师布置的作业后，有兴奋的表现；

（5）敢于向权威提出挑战；

（6）习惯于寻找事物的各种原因；

（7）精细地观察事物；

（8）能从他人的谈话中发现问题；

（9）从事创造性工作时废寝忘食；

（10）能发现问题和发现与问题相关的各种关系；

（11）除了日常基本生活，平时都在探究学问；

（12）持有好奇心；

（13）持有自己独特的实验方法和发现方法；

（14）有所发现时精神异常兴奋；

（15）能预测结果，并正确地验证这一结果；

（16）从不气馁；

（17）经常思考事物的新答案、新结果；

（18）具有敏锐的观察能力和提出问题的能力；

（19）在学习上有自己关心的研究课题；

（20）除了一种方法外，能从多方面来探索它的可能性；

（21）能不断产生新的设想，在娱乐闲暇时也能产生新的设想。

创造性学生的主要特征

国外的研究成果对我们有很重要的借鉴意义，但不能照搬照套。根据我国的研究和实践，具有创造性的学生一般具有如下几个主要的特征：

（1）有崇高志向和远大目标

志向与目标是创造的动力因素，是创造性学生的根本特征。正是对远大的理想、目标的执著追求，才会产生献身于事业的积极创造的决心。高尔基说："一个人追求的目标越高，他的才能就发展得越快，对社会就越有益。我确信这也是一个真理。"明代学者王阳明说："志不立，天下无可成之事。"可见，树立崇高的志向与远大的目标对造就一代创造性新人的重要意义。目前在培养创造性学生问题上，存在着一种过分强调智力因素，而忽视理想、信念和奋斗目标这样一些非智力因素的倾向。实际上，创造总是高度紧张的脑力劳动和体力劳动的结晶，创造必定经过一番持久而艰苦的拼搏。即使是学生在解决创造性学习过程中的问题，也往往不是仅凭某些智力条件就能轻而易举地解决，而需要经过长时间的刻苦钻研。如果没有坚韧不拔的意志和毅力，就很难达到胜利的彼岸。理想、目标、事业心与社会责任感则是产生顽强的意志力与毅力的源泉。当然，对于青少年学生来说，人生理想和奋斗目标的确立，需要一个由低到高的逐步成熟的过程。

（2）有自己的兴趣爱好

兴趣和爱好是一种无形的力量，它标志着一个人在某一方面的积极性，而这种积极性是可以培养的，它往往从好奇好问并经教师引导教育有所得而开始。兴趣爱好是青少年个性中一个实在而有深远意义的组成部分。具有创造性的学生都有自己的兴趣爱好，而学生时代产生的兴趣爱好，往往能最终成为倾注毕生精力的专业，并创造出成果来。

（3）"善疑"、"好问"，爱独立思考

具有创造性的学生善于质疑问难，爱独立思考，对周围的事物往往不满足于"是什么"，而总要问个为什么。李四光说："不怀疑不能见真理，所以我希望大家取怀疑态度。"一个富有创造力的学生，不仅善于提出问题，而且能通过自己的思考、研究去解决问题。所以，思考能力强的学生，一般又都有很强的自学能力，即通过自己学习而获得知识的能力。对于学生的质疑问难，教师不仅应当予以鼓励，耐心解释，而且应当引导学生有目的地独立思考，独立解疑，以便使疑问与创造结下良缘。

（4）有丰富的创造性想象力

想象就是在头脑中创造新事物的形象，它是一种特殊形式的创造性的思维活动。想象孕育着创造，是创造之母。求知、创新，开辟未来的新天地，都需要丰富的想象力。对新事物敏感，富于想象力。善于提出新设想与新方法，敢于做前人没有做过的事，能从生活中寻找不满意、不方便、不顺眼的东西，大胆进行想象创新，这也是创造性学生身上较为突出的特征。

（5）有勤奋踏实、锐意进取的精神

勤奋踏实是创造性学生最普遍的特征，也是获得成功最基的因素。它的表现是：脚踏实地、日积月累地攻读撷取，不断地攻关夺隘，有坚强的毅力和一丝不苟的态度。锐意进取则是一种随时准备以自己的才智迎接并克服困难的一种姿态。它表现为对现有知识和流行观念的不满足，表现为不安于接受书本上现成的答案，急于尝试的迫切心情，表现为对未知领域的探求精神。

（6）有较强的动手实践能力

创造性学生要有动手实践能力。创造光用脑子不用手显然不行，需要手脑并用，动脑又动手，才能搞创造。在学校的创造发明教育活动中，应当十分重视培养学生学会使用各种工具，进行装配、修理、实验、种植、饲养等多种活动。在实验中，要训练学生提出设想，设计实验，验证实验，得出结论，发现新问题，书写实验报告的能力，特别是对实验的设计、操作和记录的能力。

（7）有搜集、整理、分析信息的能力

创造性学生一般都十分重视信息传递，从阅读书报，收听广播，观看电视及专题讲座中获得信息。信息的搜集、整理和分析对提高学生的能力，发展创造力作用甚大。一些学校对具有创造能力的学生进行调查的结果发现：他们有的已养成每天按时收听知识性强的电视节目的习惯，如："星球世界"、"智力竞赛"等，从中获得许多课堂上没有讲到的知识；有的喜欢阅读历史与科普读物，如《科学启蒙》、《少年科学画报》、《我们爱科学》、《智力》、《少年知识文库》、《世界地理》等等；有的非常关心报刊杂志上有关科技、体育方面的材料，专门准备小本子，随时认真摘录自己感兴趣的材料。上述这些特征大致上又可以归纳为两类，一是属于智能（智力和能力）方面的，二是属于非智能（品格、个性）方面的。

11. 青少年发明创造竞赛的目的和原则

青少年发明创造活动的目的

青少年发明创造竞赛是青少年发明创造活动的一种形式，由此而激发青少年参与发明创造活动的积极性。爱德华兹曾讲过："教育的重大目标，与其说是装备心智，毋宁说是锻炼心智；训练它去运用它自己的能力，而并非是把它塞满别人的积聚物。"应该说，发明创造活动正是上述目标所概述的一种科技教育活动。其主要目的是培养有理想、有创新精神和创新能力的创造性后备人才，迎接未来世界的挑战。

（1）发明创造是社会发展的需要

社会发展、经济建设都要依赖于科学技术的进步。"科学技术是第一生产力"揭示了科学技术发展对当代社会经济发展的重要作用。科学技术的每一步前进，又都离不开创新。在当前科学技术高速发展的时代，科学技术的发展更离不开科学发现和技术发明。从某种意义上说，科学技术的本质就是创新。科学发现和技术发明又使人们认识世界、改造世界的能力上升到新水平，进而把人类社会的文明推向更高层次。

（2）社会主义现代化建设，需要造就一大批有创新精神和创新能力的科技后备人才

建设社会主义现代化强国，必须以经济建设为中心，经济建设必须真正转移到依靠科技进步和提高劳动者素质的轨道上来。青少年是祖国的未来，科学的希望。现在的中小学生是21世纪的主人，承担着使我国经济达到世界中等发达国家水平，基本实现现代化的重任。这就要求我们从青少年抓起，造就规模宏大的科技后备队伍。

（3）有创新精神和创新能力的科技后备人才，只能在创造性的活动中培养

一个人的才能不是与生俱来的，而是要通过学习、实践才能获得。发明创造是一种实践活动。创新精神和创新能力只有在创造性的实践活动当中才能得到培养和发展。

目前，我国学校教育还不能适应对青少年创新精神和创新能力培养的需要。一个真正优秀的学生，应该能够把所学到的知识、技能翻出新花样来，发明创造出新东西、新方法来。一个人的创新精神和创新能力要从小培养，而青少年参加科学探索和技术发明活动，就是培养他们具有创新能力的较好途径。

（4）青少年发明活动是造就创新后备人才的一片沃土

青少年正处于长身体、长知识的时期。他们朝气蓬勃，勇于冲破旧观念的束缚，求知欲旺盛，喜好新鲜事物，而技术发明活动为他们提供了可以纵横驰骋的广阔天地。虽然这项活动在我国开展仅20年，但人们已总结了许多可贵的经验和行之有效的辅导方法。青少年在技术发明活动中，增强自己的创造精神和创造能力，不久的将来，他们中间一定会涌现出大批优秀的科学家、发明家和各类创新人才。

青少年发明创造活动的原则

宇宙的运动是有一定秩序的，人类社会的发展是遵循一定规律的。青少年发明创造活动的健康发展，同样也需要遵循一些特定的原则。

（1）科学性原则

在青少年发明创造活动中，要自始至终体现科学性原则。这就是说，要给予青少年反映客观真理的知识，要帮助他们掌握最优化的方法和技能，要引导他们树立有益于社会的价值观。

例如，在发明创造活动中，青少年要接受有关技术方面的知识。而在现代社会，技术已不再是"技巧"，更不仅是"经验"，技术已经科学化、系统化。要给予青少年有关技术的一切正确的知识，而不是错误的知识；要使青少年用发展的眼光，从科学、技术、社会相互关系的角度，去准确地把握技术的实质。

再如，通过活动，要帮助青少年掌握科学的方法论，具体像选择发明课题的基本原则、选择发明课题的程序、选择发明课题的方法，以及诸如组合法、逻辑推理法、逆向构思法等发明技法。此外，对于如何使用钢丝钳、锯、斧、刨等工具的技能，也应使青少年正确而较熟练地掌握。

（2）普及性原则

坚持普及，首先要处理好普及与提高的关系。青少年发明创造活动的根本目的是培养广大青少年的创新能力，而绝非仅仅是为了培养几个"夺金牌"的发明"尖子"，所以，要着眼于大多数。当然，在大多数青少年参与的基础上，少数"尖子"的脱颖而出也是自然而然的，不过，这与仅仅培养少数"尖子"的做法是截然不同的。

要做好普及，就要考虑如何以丰富多彩的内容、以多种多样的形式来吸引更多的青少年参加发明创造活动。这是因为发明创造活动是青少年自愿参加的活动，如果不在兴趣的激发上下功夫，是不容易吸引更多青少年参加的。在这方面可以考虑尝试运用多种形式，观察商店中各种家用电器的作用，讨论并列举家庭生活中的种种不便等，以激发青少年的创造欲望，吸引他们参加上述活动。

（3）实践性原则

青少年发明创造活动是一项实践性很强的活动，从选题、准备、创造、验证直至实施，都要求青少年在理论的指导下去练习、实验、实习，学会必要的基本技能，获得必要的直接经验和事实材料，最终掌握科学的方法论，成为具有创新能力的人才。

坚持实践性的原则，并不是不要理论，而是要在正确理论的指引下进行实践。发明创造活动的特征，就是要手脑并用，因此我们所说的实践，既包括用"脑"来进行的实践，也包括用"手"来进行的实践。创造性思维的火花，需要通过不断解决生活、生产中的实际问题来孕育。而加工发明作品的能力，则需要锻炼双手，使其从基本的工具使用技能入手，逐步达到完美。

通过实践，还可以更深刻地理解技术的含义，理解科学、技术与社会之间的关系。

（4）自主性原则

在发明创造活动中，要充分激发青少年独立思考和钻研创新的精神，即坚持自主性原则。

从青少年发明创造活动的目的来看，是要培养人的创新能力和动手能力，所以，在这项活动中，青少年是活动的主体，是学习和发明的主人。在生活和生产实践中选择发明课题，实现最终应用的目标，都是通过青少年自身脑力劳动和体力劳动的努力；发明过程中遇到问题和障碍，需要自己去分析判断和排除；发明的成果，需要自己去检查、验证。所以，老师和辅导员应放手让青少年去探索、去创造、去动手，而绝不可包办代替。

在青少年发明创造活动中坚持自主性原则，并不排除老师和辅导员的作用。老师和辅导员在活动中应充分起到"导"的作用：要引导学生尝试运用科学的方法论，总结创造性思维的规律；要指导学生掌握诸如使用工具等各项技能。但对于一项发明的构思、实施，则完全应由青少年自身去完成。

（5）协作性原则

综观当代优秀的发明创造成果，人们可发现一个很显著的特点，那就是其中很多项目并不属于个人，而是属于一个集体，甚至属于一个很大的集团。这是因为随着科技的飞速发展，要想获得社会价值很高的发明创新成果，就必须综合很多学科的知识，涉及到许多的领域，由于个人的能力有限，所以只可能通过多人的协作才能完成，才有可能获得成功。这种趋势正在进一步加剧。因此，青少年必须从小就学会与人合作、协作的方式方法，将来才有可能成为创新性人才。基于这一些，协作性原则就是在发明创造活动中，鼓励大家组成优势互补小组，完成一些难度稍大的发明项目，以培养青少年的协作能力。

12. 发明创造评估评奖种类

发明创造的评估

发明创造的评估，包括发明人对发明作品的自我估计和评委对发明人发明作品的评价。发明人对发明作品自我估计不足或估计有误，会导致发明误入歧途，甚至扼杀发明创造的火花。评委对发明人发明作品评价失误或不给予评价机会，会使一件成功的发明在激烈的竞争中延误战机，失去取胜的机会。

例如，某人发明创造热情很高，一心想发明"永动机"，用电带动机器转动，然后切断电源。此时想让这台转动的机器发电，发出的电再来带动机器，使它永远运动下去。甚至他还节衣缩食去申报专利，岂不知这种不符合客观规律的发明是不可能实现的，发明误入歧途。又如，某人发明了一种纸杆火柴，可为国家节约大量木材，但一直没有比赛和应用的机会，发明整整推迟了 10 年之久才应用，而国外此刻又有更好的发明问世了。

发明创造的评奖种类

发明评估的最终形式是实行评比和奖励制度，那么，世界各国有哪些举措呢？

世界各国认识到发明创造是打开未来门户的钥匙，是社会经济发展的动力，所以，设立了各种形式的鼓励发明创造的奖励办法，如表彰和授予荣誉称号、奖金、减免税收等。另一种办法是举办各种展览和比赛，制定各种评奖制度，给发明创造增加了评价机会，如美国费城国际博览会、法国巴黎国际发明展览会、日内瓦国际发明与新技术展览会、欧洲青少年科学家和发明家菲利浦竞赛等等。日本 20 世纪 70 年代以来创办了为数众多的少男少女发明俱乐部、星期日发明学校。美国每年都举行一次青少年科学人才选拔比赛，优胜者可获得奖学金，这些奖学金被称为"中学生的诺贝尔奖金"。英国开展"未来设计师"的竞赛，鼓励青少年实现巧妙的设想。荷兰菲利浦电器公司出资主办的欧洲青少年科技竞赛，先由十二三个欧洲国家进行初选，从 2000 多名参加者中选出大约 30 名优胜者，参加每年春天轮流在欧洲各大城市举行的国际决赛。

我国在 1978 年颁布了《国家发明奖励条例》及其他几个类似的条例，对作出重大贡献的发明人以精神鼓励和物质奖励。由中国科协、国家教育部、国家体育总局、共青团中央、全国妇联联合成立的"全国青少年科技活动领导小组"，自 1982 年开始，每两年举办一次"全国青少年发明创造比赛和科学讨论会（全国青少年科技创新大赛）"。

中国发明协会还主办了北京国际发明展览。此外，世界著名物理学家、诺贝尔奖获得者杨振宁博士倡导创立了"亿利达青少年发明奖"，目前已由"江、浙、沪"两省一市发展到四川省和湖北省，该发明奖由香港亿利达集团有限公司资助。

为什么要举办这些发明比赛和展览呢？请看亿利达公司董事长刘永龄先生讲的一段十分精彩而又使人折服的话："我为什么要支持杨振宁这个倡议呢？这个'青少年发明奖'，我之所以认为很重要，首先因为它是杨振宁教授提出来的，而且在国外是行之有效的。比如在美国，它已经办了 40 多年了，每年有 10 个人得奖，累计已有 400 多人次得过奖。仅 1986 年在美国就有 1 万多人参加。这个奖究竟有什么效果呢？过去的 400 多位得奖者中有 85% 的人获得了博士学位，其中有 5 位获诺贝尔奖。大家知道诺贝尔奖是不太容易得到的。举例说我们中国有 10 亿人口，历史上中国人有 3 位得到过诺贝尔奖，包括在座的杨振宁教授，那就是说我们有几亿人口才产生一名。而日本是号称科技发达的国家，它有 1 亿多人，在它的历史上有 4 人得到过诺贝尔奖，那就是说几千万人中产生 1 名诺贝尔得奖者。而美国办的青少年发明奖的 400 多位得奖者中就有 5 名得到了诺贝尔奖，那就是几十人中产生一个得奖者，就说明这件事办得很成功。"

那么我国设立的上述几项发明比赛及其奖励的具体内容又是怎样的呢？现作一简单介绍。

（1）全国青少年科技创新大赛

"全国青少年发明创造比赛和科学讨论会"又称"全国青少年科技创新大赛"，由中国科协、教育部、共青团中央、中国妇联、国家体育总局五家联合举办，每两年一次。旨在激发青少年的科学兴趣，培养创新精神，锻炼创新能力，有助于改变片面重视书本知识，脱离实践的错误倾向，培养广大青少年成为既动脑筋又动手，心灵手巧的劳动者，迎接未来世界的挑战。参赛作品包括小发明、小论文两大类。涉及数学、物理、化学、天文、地学、生物、计算机等学科。参赛对象为全国在校的中小学生。

全国青少年科学创造发明比赛和科学讨论会奖励如下：

类　别	等　级	荣誉奖
小发明	一等奖	金牌奖、证书
小发明	二等奖	银牌奖、证书
小发明	三等奖	铜牌奖、证书
小发明	荣誉奖	荣誉证书
小论文	一等奖	金牌奖、证书
小论文	二等奖	银牌奖、证书
小论文	三等奖	铜牌奖、证书
小论文	荣誉奖	荣誉证书

参加"全国青少年发明创造和科学讨论会"的评奖作品要逐级评比。

（2）亿利达青少年发明奖

"亿利达青少年发明奖"是由世界著名物理学家、诺贝尔奖获得者杨振宁博士创立、香港亿利达工业发展集团有限公司董事长刘永龄先生捐资赞助的。凡属江苏省、浙江省、四川省、湖北省和上海市25周岁以下未受过高等教育的青少年均可参加。"亿利达青少年发明奖"旨在鼓励广大青少年加强创造性思维和动手能力的培养。申报的作品涉及任何形式的新发明、新发现、新设想、新理论和新工艺，还包括电子技术的应用、计算机软件、环境保护、航天实验方案、天文观察报告等。

"亿利达青少年发明奖"在上海、江苏、浙江、四川、湖北设评奖委员会分会，在上海交通大学设立评奖委员会总会，由杨振宁教授任名誉主任，委员由各省市著名高等院校的有关专家、教授组成。

"亿利达青少年发明奖"总会各等级奖励如下：

奖励等级	数量	荣誉奖	奖金
一等奖	1名	发证书和大号青铜鼎一尊	4000元
二等奖	2名	发证书和大号青铜鼎一尊	2000元
三等奖	3名	发证书和大号青铜鼎一尊	1000元

"亿利达青少年发明奖"分会各等级奖励如下：

奖励等级	数量	荣誉奖	奖金
一等奖	1名	发明证书和奖牌	2000元
二等奖	2名	发明证书和奖牌	1000元
三等奖	12名	发明证书和奖牌	500元
鼓励奖	30名	发明证书	50元
纪念奖	80名	纪念品	约20元

分会一、二、三等奖获得者，由分会推荐参加总会"亿利达青少年发明奖"评选活动。

（3）全国发明展览会

全国发明展览会又称"全国发明展"，是由国家科技部、知识产权局、中华全国总工会和中国发明协会共同主办，由各地方省或市人民政府承办的全国群众性大型发明竞赛活动。从 1984 年在北京举办首届全国发明展览会至今，已举办了 12 届。同时每 4 年举办一次北京国际发明展，现已举办了 3 届。从 2000 年开始，这项赛事移师香港，更名为香港国际发明博览会。

全国发明展览会参赛项目以成人作品为主，每届大约只有 10% 的青少年作品参赛。作品的评奖率在 50% 左右，设金、银、铜奖和专项大奖。专项大奖一般是由国家各部委或国家级基金会设立，主要奖励金奖作品中的最优秀者。

全国发明展金、银、铜奖获得者可获得奖牌和证书，而专项大奖获得者还可同时获得专项奖杯、证书或奖金。

（4）国家发明奖

《国家发明奖励条例》第六条规定，根据发明项目、作用、意义和大小划分为四等奖，各等奖励如下：

奖励等级	荣誉奖	奖金
一等奖	发明证书和奖章	1 万元
二等奖	发明证书及奖章	5000 元
三等奖	发明证书及奖章	2000 元
四等奖	发明证书及奖章	1000 元

自 1984 年起，奖励金额分别调整为 2 万元、1 万元、5000 元、2000 元。

国家发明奖是国家授予发明者的最高荣誉奖。

除了《国家发明奖励条例》之外，类似的属于国家级奖励的还有《自然科学奖励条例》和《合理化建议和技术改进奖励条例》。《自然科学奖励条例》奖励的是阐明自然现象、特性或规律，在科学技术的发展中有重大意义的科学研究成果。《合理化建议和技术改进奖励条例》奖励的是提出有关改进和完善企业、事业单位生产技术和经营管理的办法、措施以及对机器设备、工具、工艺技术等方面所作的改进和革新成果。

附：**青少年发明创造项目评审表**

作品名称：

编号：　　　类别：　　　作者姓名：　　　合作者：

	内　　　　容	评委打分	合计	总计
科学性30分	选题与成果的科学技术意义　　（10分）			
	技术方案的合理性　　　　　　（15分）			
	发明创造过程的科学性　　　　（5分）			
先进性30分	新颖程度　　　　　　　　　　（10分）			
	先进程度　　　　　　　　　　（10分）			
	技术水平与难易程度　　　　　（10分）			
实用性30分	可预见的社会效益、经济效益或效果　　　　　　　　　　　　　（10分）			
	适用范围与推广前景　　　　　（10分）			
	便于使用和投产　　　　　　　（10分）			
评委意见	签字：　　　年　　月　　日			

填表说明：

1. 本表对发明创造项目评审适用。

2. 每项内容由评委按上、中、下三个等级打分，分别对应 *15* 分项——*15* 分、*10* 分、*5* 分，*10* 分项——*10* 分、*7* 分、*4* 分，*5* 分项——*5* 分、*3* 分、*1* 分。

13. 比赛组织条例

参赛人

凡现就读于中小学（包括中等师范学校、中等专业学校、职业中学、技工学校）的中国青少年，有发明创造成果者，均可参加基层举办的比赛。由各省（自治区、直辖市）在省（自治区、直辖市）级比赛基础上推荐一定数量的优秀项目作者，参加全国统一比赛。

参赛项目

（1）接受申报的项目

●发明创造：指《中华人民共和国专利法实施细则》第二条中所规定的发明、实用新型和外观设计。

○发明是指对产品、方法或者其改进所提出的新的技术方案。

○实用新型是指对产品的形状、构造或者其结合所提出的适于实用的新的技术方案。

○外观设计是指对产品的形状、图案、色彩或者其结构所作出的富有美感并适于工业上应用的新设计。

●新品种：人工培育的动植物新品种。

（2）不接受申报的项目

●药品和食品类项目；

●参加过以往全国青少年发明创造比赛的项目；

●不是在距全国青少年发明创造比赛举办日两年内完成的项目；

●全国"生物和环境科学实践活动"评选获奖的项目；

●涉及生命财产安全的项目。

参赛申报

基层比赛是全国比赛的基础，参赛人应首先参加基层比赛。

各省（自治区、直辖市）在省（自治区、直辖市）级比赛的基础上，按照全国青少年科技活动领导小组分配的名额，择优向全国比赛组委会办公室申报。各地申报的项目中，小学生的项目数量不得少于总申报数量的1/3。

全国比赛不接受个人直接申报。为鼓励地区参与的积极性，吸引更多的青少年参加此项活动，地级（区）市和计划单列市，如果按规定认真组织本地（区）市的青少年发明创造比赛，经省（区、市）有关部门同意，可向全国青少年科技活动领导小组办公室申请本地竞赛作为全国竞赛的附属竞赛。经批准后，可直接向全国组委会申报1~2件作品，组团编入所在省的代表队，统一参赛布展。

参赛项目可以分为个人项目和集体项目两类申报。凡申报个人项目的，每项作者不得超过3人，且要区分出一名在该项目中贡献超过50%的作者为第一作者，另外两名作者则为合作者。凡作者超过3人的项目，或虽不超过3人，但无法区分第一作者的项目，均以集体项目申报。集体项目除填写集体名称外，还要注明其中一位作者为拟定参赛集体项目代表。

参赛项目须认真填写申报书及所需附件，一式三份上报。上报截止日期为2000年5月5日，以邮戳为准。申报材料通过特快专递寄给组委会秘书处办公室，逾期者以自动弃权论。上报项目数量不得超过分配数量，否则全部退回。

上报附件的具体要求如下：

●图表资料根据项目的需要，可以包括：

○外观图，手绘或照片均可；

○结构图，手绘或打印均可；

○原理图，手绘或打印均可；

○录像带，不超过5分钟。

●证明材料，若项目涉及下列内容，必须在上报时提供有关部门的证明材料；

○医疗保健用品，由省级以上相关医疗科研部门开具临床鉴定证明；

○动植物新品种，由省级以上农科部门开具培育和发现新品种的证明；

○国家保护的动植物，由省级以上林业部门开具研究过程没有对动植物造成损害的证明。

资格审查

各省（自治区、直辖市）在报送参赛项目前，必须认真进行资格审查，凡在申报书"资格认定"栏中无签字和盖章的项目不能参赛。比赛开始后的半年内，如发现资格不符合规定者，将取消其参赛资格，直到收回其所获名次和奖励。

参赛

发明创造比赛的决赛由各省（自治区、直辖市）组织代表团参赛，代表团由正、副领队和学生团员组成，学生团员必须是入选项目的主要作者。代表团中发现项目作者数为每省（自治区、直辖市）4人。

代表团负责本省（自治区、直辖市）所有参赛项目所需材料的携带、布展、保管和维修。代表团领队必须熟悉本团的所有参赛项目，并负责向评委、观众介绍情况，负责本团的安全，组织参加大赛的活动等。学生团员有义务向评委介绍本人项目情况，并要积极热情地为观众讲解。

展出

发明创造比赛向公众展出参赛项目，展览以省（自治区、直辖市）为单位布展。由组委会统一检查，组委会负责提供场地、展板、展台、电源和照明，其他用品和必要的防护设备均需自带。易燃、易爆等危险品严禁展出。

评选标准及有关规定

（1）评选标准："三自"原则和"三性"原则

●自己选题：发明选题必须是作者本人发现、提出的。

●自己设计：设计中的创造性贡献必须是作者本人构思、完成的。

●自己制作：作者本人必须参与作品的制作。

●科学性：包括选题与成果的科技技术意义，技术方案的合理性，发明创造过程的科学性。

●先进性：包括新颖程度、先进程度、技术水平与难易程度。

○新颖程度是指该项发明在申报日以前没有同样的发明在国内外出版物上公开发表过，没有在国内公开使用过或者以其他方式为公众所知，没有同样的发明由他人向专利局提出过申请并记载于申请日以后公布的专利申请文件中。鉴于青少年发明创造活动的教育性特点，以及查新、资料等方面的困难，新颖程度的要求在不同层次的评选中具有相对性。不过，在全国青少年发明创造比赛评选结束后的6个月内，任何人都可以依照新颖程度的要求对该发明向主办单位提出质询。

○先进程度是指该项发明同申报日以前已有的技术相比，有突出的实质性特点和显著的进步。

●实用性：包括可预见的社会效益、经济效益或效果，适用范围与推广前景，便于使用和投产。

（2）评选规定：

●初评：2000年6月6日进行初评，各省依分配的参赛项目数于5月5日前向组委会办公室邮寄申报材料，并同时依分配的参赛代表团学生人数，报送一份本省（自治区、直辖市）自荐的参加全国比赛代表团学生成员名单（须注明其参赛项目名称）。组委会根据初评情况，参阅上述名单，最终确定各省（自治区、直辖市）参赛代表团的学生成员名单，并通知各地。

●终评：参加终评的各代表团学生成员，要参加技能测试和答辩。评选委员会根据"三自"和"三性"的原则，最终确定一、二、三等奖。

●发明按小学组、初中组、高中组分别评选。奖励的标准是相对的，各奖项占通过初评进行终评的作品数比例为：一等奖 15% 左右，二等奖 35% 左右，三等奖 50% 左右。

协办单位和赞助单位增设的专项奖可附加相关条件，但这些附加条件不能与全国青少年发明创造比赛的评选原则和评选标准相悖。

●对老、少、边、贫地区的项目，在评选中可适当照顾，但一等奖的标准必须严格掌握。

●不予评选的项目

○有发明创造意图，但尚未构成发明的；

○从全国范围看，已丧失新颖性的；

○主要创造性贡献是由他人包办代替的；

○作者本人没有参与作品制作的；

○不符合申报要求的，如比例不当、资料不全、申报材料不符合要求及缺少必要的证明等。

●全国青少年发明创造比赛的奖励以精神鼓励为主，物质奖励为辅。获奖者将荣获奖章、证书和适当的奖品。

技术保护

青少年发明创造成果属于技术成果，根据《民法通则》第 118 条，受法律保护。

参赛的所有项目均不得向评委保密，必须按照申报要求向评选委员会提交全部必要的资料。评委负有对外保密的责任。

组织机构

组织委员会出全国青少年科技活动领导小组与承办地有关部门协商共同组成，负责比赛的组织工作。

评选委员会由组织委员会聘请科技工作者、教育工作者（包括科技辅导员）组成，负责比赛的评选工作。

经费

在发明创造比赛决赛期间，组委会承担所有代表的住宿费用、直接会务费用和专家聘请费用。各代表团自行承担本团代表从当地到决赛地点的往返交通费、布展费用和决赛期间的本团其他费用。

发明创造比赛的省级比赛，由各地主办者自行承担全部费用。

评选原则和程序

青少年发明创造活动和青少年科学探索活动，是我国青少年的传统科技活动，属于教育活动。开展活动的目的是使青少年在活动中得到锻炼，受到教育，以激发科学兴趣，学习科学方法，锻炼观察能力、思维能力、动手能力和创新能力，养成求实、创新、协作、献身的科学精神，从而促进青少年科学素质的全面提高。

青少年发明创造活动和科学探索活动，是适应我国教育改革的需要而诞生的，是教育改革中的一项重要而有益的探索。实践证明，它对我国基础教育由应试教育向素质教育的转化发挥着有益的促进作用。

青少年发明创造活动和科学探索活动都是创造性活动。它对于培养青少年的创新意识、创新精神、创造思维、创新能力具有重要意义。这项活动的普遍开展，不仅将为国家培养一代又一代开拓性、创造性的人才，还会对人们的观念产生深刻的影响。

举办全国青少年发明创造比赛和科学讨论会，是为了检阅和宣传青少年发明创造和科学探索活动的成果，总结和交流开展活动的经验，探索和研究青少年创新教育的有关理论，同时也是为了使青少年在比赛和评选中得到进一步的锻炼和提高，从而推动活动更广泛、更健康地发展。

全国青少年发明创造比赛和科学讨论会的评选工作，是为比赛和讨论会服务的。为了使评选工作进一步科学化、规范化、特制定《全国青少年发明创造比赛和科学讨论会评选工作的原则和程序》。这份材料也可供地方有关活动的评选工作参考。

评选工作的原则

全国青少年发明创造比赛和科学讨论会的评选工作必须贯彻教育性原则，是由青少年发明创造和科学探索活动的宗旨决定的。青少年发明创造和科学探索活动是教育活动，其出发点和归宿都应当是使青少年受到教育，得到提高。因此，从比赛和讨论会的组织办法到评选的标准、程序，都应当贯彻教育性原则。

所谓教育性原则，主要指活动应以教育为目的，以育人为目的。活动的方式、方法应采取教育的方式和方法。活动的实质是带着孩子学发明，带着孩子学科研。

贯彻教育性原则，在评选工作中应注意做好以下几个方面的工作：

（一）重视评委的选聘

评委的素质与评选工作的质量有十分密切的关系，选聘好评委是搞好评选工作的关键。

评委的基本条件应该是：

1. 忠诚于党的教育事业，熟悉青少年科技教育工作，热爱青少年科技教育工作；

2. 熟悉儿童心理学和教育学，具有广博的学识，并在某一学科具有较深的造诣；

3. 热爱孩子，富有辅导工作经验和较高的辅导艺术；

4. 熟悉青少年科学发明和科学探索活动，并善于贯彻活动的宗旨；

5. 工作认真负责，作风平易近人、公正无私；

6. 评委应相对稳定，以保持标准掌握的连续性和信息的连续性。

（二）重视评选标准的制度

评选标准对活动的普及和发展有极重要的作用。因此，评选标准必须充分体现教育性的特点，而与成人的发明比赛和论文评审有所区别。

贯彻教育性原则，在制定评选标准方面应注意以下几个问题：

1. 评选标准要高低适度，当前宜就低而不就高

评选标准应根据活动的宗旨和青少年的实际来制定，使其建立在科学的基础上。评选标准应该让青少年感到人人可为，从而达到人人敢为的目的，以吸引更多的青少年参加这项活动。只有参加的人多了，才能使更多的人得到学习和锻炼的机会。

孩子是喜欢成功的，孩子是喜欢赞扬的。评选标准应该使大多数孩子有成功的机会。对于初涉创造活动的孩子，首战成功的意义非同小可，它往往可以成为孩子内心动力的源泉。因此，标准不可定的过高。标准过高无异于把众多的孩子拒之门外，这与我们开展这项教育活动的初衷是背道而驰的。当然，标准也不可过低。标准过低往往会使活动流于形式，达不到预期的教育效果。

科学的评选标准是高低适度。所谓"适度"，应该是有利于活动的普及，又使孩子们经过努力可以取得成功。

2. 评选标准要有利于创造性思维的发掘

青少年发明创造和科学探索活动是教育活动，孩子们在这种活动中所取得的成果，不仅体现在作品本身，也体现在作品所反映出来的创新意识、创新精神、创造思维和科学方法上，更反映在孩子们的科学素质上。活动是手段，作品是载体，科学素质的提高才是根本目的。

因而，评选标准应当能促使青少年对其成果所体现的创造性有进一步的挖掘、分析和认识，能深刻认识到自己的创造性贡献之所在。

那种就作品评作品的评选模式是不符合教育性原则的。值得称赞的做法是透过作品评人，特别是评人的素质。

3. 评选标准要有利于求实精神的培养

科学是老老实实的东西，是要经得起实践检验的，来不得半点虚假和侥幸。求实是科学精神的精髓，实事求是的科学态度是成就科学事业的前提，也是科技工作者必备的基本素质。因此，科学教育也必须把诚实教育放在首位。青少年科学发明比赛和科学讨论会的评选工作必须十分重视培养求实精神。

求实精神在这里有两方面的含义：一方面是科技成果的科学性，另一方面是创造性贡献的真实性。所谓科技成果的科学性，主要是指青少年的科技成果必须以科技活动做基础，必须是在青少年亲身参加的科学观察、考察、调查、科学实验、科学研究的基础上总结出的规律性的东西。实验、调查的数据一定要客观、真实，方法一定要科学，论证一定要合乎逻辑，成果一定要经得起实践检验。不能凭空设想，不能主观臆断，不能似是而非，不能是假科学、伪科学。所谓创造性贡献的真实性，主要是指青少年科技成果中的创造性贡献，必须真是孩子本人做出的。包办代替、弄虚作假不但无益于孩子的锻炼和提高，还会使孩子的思想品质受到严重的污染。这是违反教育性原则的，是与活动的宗旨背道而驰的。

为了培养孩子们的求实精神，应当尽力防止弄虚作假，防止成人的某些功利主义的倾向侵入到孩子的活动中来。应当鼓励那些虽然粗糙，却是孩子们亲手而为的作品，虽然稚嫩，却洋溢着孩子们创造火花的成果。这些，才是国家和科学的希望。

（三）珍视孩子们的创新精神

　　由于长期忽视创新教育，孩子们普遍地存在不敢想、不敢说、不敢做的缺陷，这对人才的成长和我国的现代化建设是极其不利的。在青少年发明创造和科学探索活动中，孩子们开始接触创造活动，也涌现出不少颇有创新精神的苗子。但是，万事开头难，发明创造活动和科学探索活动比起其他模仿性的科技活动来，难度是相当大的。能在这项活动中取得一些成绩，能在创新精神、创新意识、创造思维、创新能力方面取得一些进步，也是非常不容易的。这就向我们提出了两方面的启示：首先是如何加倍爱护孩子们创造的火花；其次是如何正确引导孩子们认识自我的价值，帮助孩子们树立成功的心态。

　　1. 不埋没孩子们的创造成果

　　评审中要十分认真、仔细地审看孩子的作品，倾听孩子的介绍、陈述和答辩，尽心竭力地挖掘成果中的创造性成分。即使是似曾相识的作品，也不能轻易否定，应仔细研究和挖掘作品的创新之处。

　　如果作品确实是丧失了新颖性，也不能轻易断言是模仿或抄袭。相反，很可能是孩子们在不了解创造背景的情况下，花费了大量心血"创造"出来的。这时，仍必须鼓励他们的创新精神，同时又指出汲取信息的重要和丧失新颖性的理由。这样才能使孩子受到教育，得到鼓励。

　　2. 不打击孩子们的创新精神

　　初涉创造活动的孩子的心理，有如刚刚破土的幼芽，稚嫩，还有些脆弱，经不得急风暴雨。孩子初次参加全国比赛，他们的心情是可以理解的：紧张、忐忑，又企盼着鼓励、赞扬和成功。评审工作者和组织工作者必须十分谨慎地开展教育工作，必须小心翼翼地扶植这一株株幼芽。采取经过深思熟虑的最恰当的方式与孩子展开讨论、研究。原则上不能提否定意见，只能提修改、补充、完善和提示性的、建设性的意见，使孩子得到帮助，得到鼓舞。答辩和质询应采取讨论启发方式，严防审问式和简单粗暴，决不使孩子的创新精神受到打击！

人的思维类型有左脑型和右脑型之分。右脑型的孩子往往长于动手和形象思维，抽象思维则不如左脑型的孩子。近几年参加发明创造活动并取得一些成果的孩子中，有相当大部分偏于右脑型。他们的特点是小聪明、小淘气。这部分孩子的课内学习和考试成绩往往不够理想，因而也往往不能被老师、家长所喜欢。长此下来，会使这部分孩子产生被冷落的感觉，甚至会产生认为自己无能的失败心态。如果在这样的心态下走完他的儿童、少年、青年的路程，进入社会后仍会以无能的失败者自居，这对他的一生将是一个悲剧。当然，这实际并不是孩子造成的，而是不科学的教育造成的。因为这种结果是在不科学、不公平的竞争中出现的、片面的结果。实际情况是，凡是发育正常的孩子，都是聪明的，都各有自己的天赋，只不过表现的方面不同而已。现在的课内教育，还没有做到因材施教，不管是善于抽象思维还是形象思维的孩子，一律以考试分数来评估优劣。这对右脑型的孩子是不公平的，对他们的伤害作用也是不能低估的。青少年发明创造活动就是一项开发右脑，促使孩子们全面发展的教育方式和手段。这种活动搞好了，可以使众多的在课内学习中较为后进。而形象思维能力见长的小淘气、小聪明们得以施展自己的才干，得以表现自己的优势，得以认识自己的价值，从而一扫无能者、失败者的心态，而以一个大有作为的成功者、胜利者的心态，生动活泼地、主动地得到发展。

3. 不捧杀孩子们的进取精神

孩子们正在学习，他们的知识、阅历还都不够，可以说还没见过什么世面。他们还没接触过真正的实际工作，因而还不知道未来的工作将对他们提出多么高的要求。他们的世界观还没有最终形成，他们的心理还比较稚嫩。因此，孩子们不仅经不住过重的打击，也经受不住过高的不切实际的表扬。过分的褒奖往往会把孩子捧杀。这样的例子不少见，历史上就有过不少"神童"被捧杀的故事，现实中更有许多少年天才跌入深谷的事例。直到今天，仍有许多人背离教育性原则，采用不适当的表彰和奖励，把孩子引入歧途。

在青少年发明创造活动中，表扬和奖励一定要适当，一定要把表扬和奖励作为一种教育手段。所以，《全国青少年发明创造比赛和科学讨论会组织办法和评选标准》中规定，发明创造比赛和科学讨论会的奖励，应以精神鼓励为主，物质奖励不能过重。过重的物质奖励往往会起到物质引诱的作用，使孩子幼小的心灵受到"铜臭"的污染，使他们偏离正确的学习目的，甚至会丧失为人民服务的原则和远大的理想。过分的表扬也会使孩子不能正确地对待自己，也不能正确地对待师长和伙伴，变得趾高气扬，目空一切，甚至会扼杀他们的进取精神，跌入唯我独尊的泥潭。

总之，过分的褒奖无异于捧杀，教育工作者切不可做这种伤害孩子的事。

（四）为孩子们提供尽可能多的学习机会

青少年发明创造比赛和科学讨论会对于孩子们来说，是难得的学习机会。所以，在活动中应当为孩子们提供尽可能多的学习机会。

在评审中，评委要十分细致地审看每一件作品，十分细致地审读每一篇论文，还必须十分认真地和每一个小作者交谈和讨论。结合孩子的成果，进行认真的分析、启发和引导，使每个孩子都能对自己的作品有更深的认识，对发明创造和科学探索活动有更全面的了解，对今后的努力方向有更明确的认识。

活动中还应当为孩子们安排出充裕的时间来参观同伴们的作品，探讨同伴们的成果，学习同伴们的长处，探讨彼此的心得，相互交流经验，以开拓眼界，扩大知识面。

组织委员会还要多组织学习活动和学术活动。中小学生在学校中很难有机会接触这么多专家、教授，利用活动的机会请这些专家、教授为孩子举办一些学术讲座，会对孩子身心的发展产生重大的影响。

（五）注意与成人的发明和科研活动的衔接

青少年发明创造活动和科学探索活动是教育活动，它与成人的发明创造和科学研究活动有着本质的区别。这区别的主要表现是，教育活动的主要目的是育人，是出人才，而成人活动的主要目的是出成果。但是，青少年总有到位的一天，孩子们将走上各自的工作岗位，并从事相应的革新、发明、探索、科研等活动。今天的教育活动也是为孩子的将来作准备、打基础。因此，他们今天的活动必须能与将来的发明和科研活动衔接起来、协调起来，不能另搞一套。活动的概念、内容、方法、程序，甚至报表的格式等都不能与成人的活动相矛盾，评估的标准虽然有所变通，评估的方法和程序却不能矛盾。这样，才能使孩子们从小了解科学家之路的艰辛，才能使孩子从小就受到科学活动、科学方法的严格训练。

（六）注意发挥评选工作的导向作用

青少年发明创造比赛和科学讨论会的评选工作具有潜在的导向作用。提倡什么，鼓励什么，不仅表现在评选标准上，也体现在评选过程和评选结果中。我们应当发挥这种导向作用，把活动引向健康发展的轨道。当前，值得我们充分注意的有以下两个方面：

1. 切实提高青少年的科学素质

任何活动的评估都是为活动目标服务的，青少年发明创造和科学探索活动目标的核心是提高青少年的科学素质。当前，在青少年科学素质的诸多因素中，还有不少薄弱的环节，如：①创新精神、创新能力没有得到充分的开发、锻炼；②动手能力、实践能力普遍较差；③协作精神不强；④对求实精神的重要性认识还不充分。在评选中，应当对这些问题给予充分的关注，努力促进这些问题的解决。

2. 切实扩大活动的普及面

当前，每年参加青少年发明创造和科学探索活动的青少年有二三百万人。这是个不小的数字。然而，与青少年的总数相比就十分可怜了，还不到1%。为了更充分地发挥这项活动的教育作用，我们应当设法使更多的青少年参加到活动中来。在评选中，标准不能过高；在总体要求上，不能不适当地要求一届比一届水平高；在活动中，不能不适当地要求青少年去搞那些高、大、精、尖的项目……总之，活动的要求应当与青少年及其科技辅导员的水平相适应，才能促进活动的普及。

评选工作的程序

全面青少年发明创造比赛和科学讨论会评选工作的程序有以下十三项：

（1）评委会预备会议；

（2）初审书面材料，初选入选项目；

（3）布展；

（4）全体评委会；

（5）赛前学术报告；

（6）初评；

（7）技能测试；

（8）复评；

（9）大会答辩；

（10）终评；

（11）赛后学术报告；

（12）评选结果预公布；

（13）评选工作报告。

评选工作程序应在该届全国青少年发明创造比赛和科学讨论会的

评选委员会组成后开始执行。

各项程序的具体安排和要求如下：

（一）评委会预备会议

在全国青少年发明创造比赛和科学讨论会开幕前两个月左右，由全国青少年科技活动领导小组办公室召开评委会预备会议。

预备会的主要内容为：

1. 领导小组宣布评选委员的聘任，颁发聘书，布置评委任务及分工；

2. 介绍历届大会及评选工作情况；

3. 研读、熟悉评选工作原则、标准、程序，研讨评选标准的掌握及应注意的问题；

4. 介绍本届大会筹备情况及上报书面材料的情况；

5. 按照评委分工分发上报材料及初审意见表。

（二）初审书面材料，初选入选作品

预备会议之后，可安排一个月左右时间，由评委初审分管的书面材料，并为每份材料填写"初审意见表"。经初审、比较、权衡后，可分别提出入选的发明和论文作品的初选意见。此意见由领导小组办公室收集、整理，作为确定入选作品名单的主要依据。入选作品名单可以召开常务评委会的初审小结会议来确定，也可以由领导小组办公室根据初审意见表及各省（市、区）的意见确定。

（三）布展

布展是参赛同学在大会期间的第一项活动。参赛同学报到后，即可开始在大会准备的展台、展板上，布置自己的作品、图表及文字材料。布展的基本要求是自己动手：展台、展板的利用，展板设计，整体布局，装帧美化等均要求同学们自己动手，分工合作完成，领队老师只能从旁辅导。

布展情况应由组委会进行检查评比，评比成绩可作为评选"精神文明队"的依据之一。

布展期间，评委即可在现场开展工作。

（四）全体评委会

全体评委会是常任评委与地方评委的第一次全体会议。其主要议程为：

1. 宣布评选委员会正副主任；

2. 介绍评委，分工、分组；

3. 宣布评选原则、标准、程序及日程安排；

4. 交流初审情况；

5. 研讨评选原则的贯彻、评选标准的掌握及进度安排。

（五）赛前学术报告（科普讲座）

这是大会为参赛同学组织的第一次学术活动，是以科普讲座的形式全面介绍青少年发明创造活动和科学探索活动。时间可安排在开幕式前，亦可安排在开幕式上。若能吸引当地的青少年或领导参加，则可扩大宣传的效果。

专题学术报告的目的是增强大会的学术气氛，宣传活动的宗旨，扩大学生的收获，以保证大会的顺利进行。

赛前学术报告的主要内容为：

1. 介绍青少年发明创造活动、青少年科学探索活动的意义、方法等问题。即什么是发明创造、科学论文？怎样写科学论文？为什么要开展发明创造、科学探索活动？

2. 介绍全国青少年发明创造比赛和科学讨论会的宗旨，及评选工作的标准、程序等；

3. 简介历届大会的情况及本届大会的要求。

（六）初评

初评是评委直接面对作品和作者的第一次评审。

1. 初评的目的：

使小作者得到评委在科学方法、科学知识等方面的指导，从而加深对自己的作品的认识。评委全面了解小作者的素质、知识面，了解作品的选题、设计思想、研究方法、论据来源、论证方法，并深入了解作品的真实性，特别是小作者的创造性贡献，从而对作品作出比较全面、确切的评价。

2. 初评的标准（见《全国青少年发明创造比赛和科学讨论会的组织办法和评选标准》）。

3. 初评的一般安排：

①评委审看作品，接触作者。

评委结合成小组或单独活动，分别审看每一项发明作品，观察作品演示，并与作者交谈，详细询问有关问题。如果有条件，以上审看和答辩亦可分小组进行：把参赛学生分成小组，在小组会上介绍作品、开展交流、互相提问、答辩。

②群众评选。

在互相交流、参观及小组答辩之后，可进行群众投票。请全体参赛作者和领队老师给每一件作品评出获奖等级。这项统计资料是评委会评选的依据之一。

③初评评委会。

在①、②两项安排完成后，评委应初步评出每件作品的等级。然后举行全体评委会，评出一榜并重点研讨获一等奖、不予评审的项目及有争议的问题。

④论文作者可按学科分小组。由评委主持小型答辩会，介绍论文，提问答辩，开展研讨。

（七）技能测试

1. 笔试

主要是测试发明人对发明创造的基础知识掌握程度。

2. 技能测试

技能测试的内容有三类，即电子电工类、钳工类、木工类。主要测试发明人对工具的正确、熟练使用程度。发明人可根据自己的发明作品所涉及的主要技能内容选择其中的一项。

（八）复评

1. 复评的目的

再一次全面、深入地了解初评获一等奖的作品、有争议的作品和不予评选的作品，准备再议；详细了解需要外审的作品；物色大会答辩学生。

2. 复评的形式

一般采取与作者单独讨论的方式，讨论的问题可以广一些、深一些。

3. 复评评委会

①复议有争议的问题；

②平衡获奖比例，研究照顾问题；

③确定二榜；

④拟定大会答辩作者名单。

（九）大会答辩

1. 大会答辩的目的

大会答辩是一项重要的学术活动，可以起到交流成果、提高认识、开扩眼界、扩大收获的作用。

2. 大会答辩的形式

一般采取全体同学和全体评委参加的大会形式。

答辩中一定要准备好有分量的关键问题。

答辩的成绩将直接影响评选结果。

（组委会要为大会答辩创造良好的交流条件。）

（十）终评

终评的任务主要有：

1. 根据大会答辩、外审结果等情况，个别调整二榜名单。对于争议不决的疑难问题，由评委会主任作出决断，确定第三榜；

2. 评出专项获奖项目；

3. 总结评选工作，拟定评选工作报告提纲；

4. 安排评语填写工作。

（十一）赛后学术报告

这是为参赛学生举办的第三项大型学术活动。

1. 学术报告目的：

扩大教育效果，加深对作品及活动的认识；明确今后的努力方向；为成绩公布做好思想工作。

2. 学术报告内容：

①解剖、分析本届获奖的典型作品，总结青少年的进步、收获及活动的发展；

②提出今后活动设想；

③分析存在问题，明确努力方向；

④间接传达评选工作报告的主要精神。

（十二）评选结果预公布

赛后学术报告之后，即可在领队、记者会上预公布终评结果。

公布名单前，可重申评选原则、标准及特殊问题的处理原则。一般不介绍个别作品的评选过程及理由。对于领导、记者提出的局部性问题，一般只作原则解释，会后仍可在评委会上研究解决。

（十三）评选工作报告

闭幕大会上，评委会主任代表评委会作评选工作报告。

评选工作报告的主要内容为：*1.* 评审、评选程序及基本情况；*2.* 本届参赛作品的基本估计及特点；*3.* 存在问题及努力方向；*4.* 对今后活动的建议；*5.* 公布评选结果。

14. 青少年发明创造竞赛准备

充分挖掘作品的内涵，完善好作品

作为一位发明人，在发明作品的过程中，一定是花费了许多心血的。正因为如此，很多时候，发明人都有一种"通病"，认为自己的作品是世界上最好的、最完美的，听不得不同意见。这对作品的完善不利，对自身创造能力的发展也不利。因此，我们应该吸取教训，不仅要听得不同意见，而且要在参赛之前，主动找专家或发明作品未来的使用者提意见，充分挖掘作品的内涵，完善好作品。

1. 请教专家，使作品对未来可能产生的社会效益与经济效益有个正确的定位；

2. 请将来可能要使用到该作品的消费者提意见，使作品的结构、功能、外观更易于被人们接受；

3. 请有关技术人员指导，突破制作技术难点，保证发明作品有优良的演示效果。

作为一项发明作品，无论是评委还是旁观者，对其演示效果都是很重要的。我们在任何时候都要精心准备，保证其作品具有良好的演示效果，不要因为运输、气候、场地等外在因素影响其演示效果。一旦演示效果不好，人们至少有两种疑惑：一种是这项作品真能达到发明人的设计要求吗？将来使用时是否也会出现这样的问题呢？另一种疑惑是这是因发明人工作态度造成的，还真是外界条件影响的呢？这样的疑惑一经出现，既可能影响作品的获奖名次，又可能给作品的推广带来严重的负面影响。在这个问题上，青少年发明人千万不可大意。

填好申报表

全国青少年科技创新大赛中的发明创造比赛作品有专用的作品申报表。填写时，一定要注意阅读好表中的有关说明，弄清楚了再填写。一般填写前先填写草表（没有草表时，填写人可照正表先自制一份），经反复修改直到熟悉这项工作的有关老师满意后才填入正表。填写的内容应真实可靠，字迹工整，附图、文字说明等附件应齐全。

下面是一份作品申报表的填写示例。

附：

编码：＿＿＿＿＿＿＿＿

全国青少年
发明创造比赛和科学讨论会作品申报书

作品名称：儿童健身音乐玩具

申报者名称(个人作品为第一作者姓名，集体作品则为"小组"
    名称)：

    ＿＿＿毛晨曦＿＿＿

申报者所在学校：＿＿＿湖南省长沙市第九中学＿＿＿

申报者完成作品所依靠的校外青少年活动机构（没有可不
填）：＿＿＿＿＿＿＿＿

作品类别：

        ☑ 玩具和文体用具（品）

        □ 教学和学习用具（品）

☑ 发明创造类   □ 日常生活用具（品）

        □ 农业生产用具（品）

□工业生产用具（品）

□其他

□数理化学科

□生物学科

□科学论文类型　　□环保学科

□地理学科

□社会学科

□其他

全国青少年科技创新大赛组织委员会制

A. 申报者情况

说明：*1.* 必须由申报者本人按要求填写。申报者情况栏内须填个人作品第一作者（承担该作品*60%*以上工作者）或集体作品所拟定参赛代表情况。

　　2. 申报者所在学校签章及辅导教师（如无辅导教师，则班主任老师代表）所在单位签章视为对申报者所填情况的确认。

	姓名	毛晨曦	性别	男	民族	汉	出生年月	1983.8	
申报者情况	是否团员（少先队员）	团员	现学历类别	□小学生　□初中生					相片
				☑高中（含中专、技校）生					
	学校全名	湖南省长沙市第九中学				年级	高一		
	申报作品名称	儿童健身音乐玩具							
	学校通讯地址	湖南省长沙市第九中学				邮政编码		410015	
						学校电话		5217927	
	家庭通讯地址	长沙市火车南站火把山冷库宿舍				邮政编码		410015	
						家庭电话		5217446	
	家庭姓名	毛亚明	与申报者关系	父子	家长工作单位及其职务（或职称）			香港日洋国际有限公司（长沙分公司）	

合作者	有无合作者 □有 ☑无 （如有合作者，填写合作者情况）						
	姓　名	性别	民族	年龄	现学历	所在学校	年　级

辅导教师	姓　名	性别	民族	年龄	专业	所在学校	职务或职称
	戴健如	男	汉	47岁	物理	湖南长沙市第九中学	中等高级

资格认定	学校学籍管理部门意见	申报者是否为在校（1998年7月1日前正式注册）非成人教育的中小学校学生（含中专和技校学生）。 ☑是　　　　　□否 　　　　　　　　　　　　　学校学籍管理部门盖章： 　　　　　　　　　　　　　（教务处章或校章均可） 负责人签名：贺德高　　　　　2000年4月29日
	辅导老师（或班主任老师）意见	本作品是申报者（含上述合作者）于1998年7月1日后独立（含在辅导老师指导下）完成的课外科技活动（或社会实践活动）成果。 ☑是　　　　　□否 　　　　　　　　　　　辅导教师（或班主任老师） 　　　　　　　　　　　所在单位（学校或外校机构）盖章： 辅导教师签名：戴健如 　　　　（或班主任） 　　　　　　　　　　　2000年4月29日

B. 申报作品情况及推荐意见

说明：*1. 必须由申报者本人按要求填写申报作品的情况（辅导员予以指导）。*

2. 本部分中的省级签章视为对申报者所填内容的认可。

3. 凡作品已申请专利或在报刊上发表者，须完成本部分表中相应栏目的填写。

作品全称	健身音乐甩管	类别	☑发明类 □科学论文类
该作品的选题是怎样发现（或选择）的	1998年下学期，我为了发明多功能雨衣，买了两根管子准备将其破开后粘在雨衣两侧，当挡雨水或引流的水槽用。一天，我无意中拿起一根管子甩着玩时，听到了一种很特别的声音，随后我萌发了利用这"小发现"发明一种玩具的念头。		

设计（或研究撰写）该作品的目的和基本思路	目的是为少年儿童设计提供一种既能健身、开发右脑，又能陶冶情操的新型玩具。
该作品的制作（或撰写）过程	该作品的完成经过了一段很长的时间，先是弄清软管发声的原理，制作出模拟装置，然后才不断加工、改进，直至有理想的效果。
该作品的科学性、先进性和实用性	科学性：该作品利用了流体力学原理，具有很强的科学性。 先进性：该作品新颖，属国内外首创。 实用性：它能形成产品，供少年儿童娱乐、健身。
在该作品中申报者（或含合作者）的主要贡献（发明点或创新部分）	该作品主要贡献是利用流体力学原理发明了一种全新的玩具。
在完成该作品的过程中，申报者应用了哪些科学方法	发现法、探索法、原理应用法、组合法
进一步完善该作品的建议和设想	可进一步使用按键式，开发成高级健身的音乐玩具，开发少年儿童的智力，培养音乐素养。
专利申请号及授权日期（限发明项目）	申请号：99231096X　　批准号：＿＿＿＿＿ 申请人姓名：＿＿＿毛晨曦＿＿＿ 申请日期：1999 年 10 月 27 日　　批准日期：　年　月　日
登载论文的报刊及发表日期（限科学论文）	登载论文的报刊名：＿＿＿＿＿＿＿＿ 刊登日期：　　年　　月　　日
申报者确认事宜	以上情况属实，本人同意无偿提供申报作品介绍，由主办单位——全国青少年科技活动领导小组收入获奖全集公开出版。同时本人亦享有公开发表自己作品介绍的权力。 申报者签名：毛晨曦　申报者父母或监护人签名：毛亚明

作品简介（或摘要） （400字左右）

该发明由甩管、演奏管、按孔、簧片等组成。使用时，一只手握住演奏管，一只手挥动甩管，使其旋转，簧片发声，手指在按孔处按一定规律按放，便可产生音乐。随着音乐节拍跳动，便可健身，左手和右手协同配合即可开发右脑，同时可提高少年儿童的音乐素养。

发明过程：前年下学期，我为了发明多功能雨衣，买了两根塑料软管，准备将其破开后粘在雨衣的两侧，当挡雨水与引流的水槽。一天，我无意拿起一根管子甩着玩时，却马上听到了一种很特别的声音，我立即停下来思考，认为声音是由于管子在空气中运动时产生振动而发出的。随即我想，是否利用这个小小的"发现"，发明一种新的能产生音乐的玩具呢？于是我开始认真地琢磨起来。我买了一大堆粗细不同的塑料软管，一有时间就甩动着管子思考着，想找到突破口。可是弄了好一阵子，每根管子全都只能发出单一的声音，事情毫无进展。一次，我又甩动一根管子时，发现没有甩动的一端管口能吸进小纸屑。再通过半个月的深入观察与分析，发现自己先前的认识是错误的。管子发音的根本原因是被甩动的管子的一端气压小，没有甩动的管子一端的气压大，这样就形成气压差，管内的气流使管子振动而发声，所以无论你怎样甩动管子，管子振动的频率都无多大变化。怎么办呢？我想到竹笛、唢呐等，想将其中之一与软管组合起来，结果一试，令人失望。由于气流太小，一点声音都没有。还有其他办法吗？为此，我专门找了音乐老师和科技发明老师一起探讨这个问题。

他们商量后，决定让我试试定音哨。随后，我将软管不甩动端的管口封闭，将定音哨安在其近处的管子上。甩动管子的另一端时，定音哨发出了悦耳的声响。初步的胜利使我信心倍增。后来，在老师的指导下，我终于用口琴段与软管的巧妙组合，完成了儿童健身音乐玩具的发明。它集娱乐、健身、开发后脑于一体，又可陶冶儿童情操，极有推广价值。

申报作品所需提供的附件	发明创造类： 须附作品☑外观图（☑手绘图□照片）、☑结构图（□原理图）、其他（注明）　　专利申请说明及附图 　　　　　　总计：　4　件。 科学论文类： 须附□论文全文（含必要的数据）、□参考书目单、其他（注明）：＿＿＿＿＿总计：＿＿＿＿＿件
该作品在省级青少年发明创造比赛和科学讨论会上获奖情况	该作品于2000年4月26日在湖南省（自治区、直辖市）十六届青少年发明创造比赛和科学讨论会获得发明类二等奖。

省级评委会（或指委会）推荐意见	评委会（或指委会）主任签名： 年　月　日
省级组织机构意见	负责人签名：　　　盖章： 年　月　日

C. 全国比赛和科学讨论会评审意见

说明：申报者不填写本部分

全国青少年创新大赛组织委员会资格审查意见		组委会资格审查小组负责人签名： 组委会分管副秘书长签名：		
技能测试 成　　绩	动手能力考核成绩 □电子、电工类 ☑木工类 □钳工类	笔试成绩	总成绩	
科学讨论会评委会（指委会）意见	评 语	评审组长签名： 年　月　日		
	获奖等级	主任签名： 年　月　日		
组织委员会最终审核意见（质询期满后视情况填写）		组委会秘书长签名： 年　月　日		

健身音乐甩管

本实用新型涉及一种儿童健身音乐玩具，尤其是健身音乐甩管。现在市场上的许多儿童健身器具或乐器，如跳绳用的绳、传统的口琴等，或仅作健身或仅作演奏，均功能单一，不能较好地激发儿童的兴趣，难以寓音乐于健身之中，而广为普及。

本实用新型是要提供一种健身音乐甩管，通过运动而产生出悦耳音乐，寓音乐于健身之中，以提高健身乐趣。

为达到上述目的，本实用新型的健身音乐甩管由甩管、演奏管、簧片和套管组成，其中甩管是一空心的柔性管，在甩管的一端套接演奏管并固定。演奏管是一空心管，内部装有类似口琴簧片的簧片，与之对应的外壁开有类似口琴孔的按孔。演奏管与甩管套接的一端开口而另一端封闭。在甩管的另一端套接一稍大于甩管的套管，套管为空心，两端开口。

使用本实用新型时，儿童可一只手挥动甩管，使其做圆周运动，同时另一只手握住演奏管，手指按住按孔或松开手指，便可产生音乐，达到既可健身，又可培养儿童乐感，并提高儿童健身的乐趣的目的。该实用新型结构简单，制造方便，成本亦很低廉。

展板准备

展板是向公众介绍发明成果的重要途径之一，一定要认真准备、设计、制作好。展板的规格是大会统一的标准，要严格执行。展板的内容应图文并茂、文字简洁，图片清楚美观，不要有与作品关系不紧要的内容，例如，作者怎么爱发明，获过哪些荣誉称号等。本来展板不大，把这些内容弄上去，一方面会使展板内容显得拥挤，冲淡了对作品的宣传，另一方面有突出个人之疑，在人们心目中反而产生不好的印象。

进一步熟悉发明创造的基础知识

自从全国第七届青少年科技创新大赛开始，竞赛期间就有测试发明人对发明创造基础知识掌握情况的内容。其目的一方面是了解发明

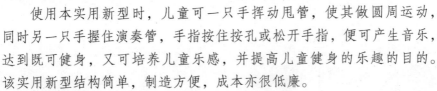

作品的真实性，另一方面是促使青少年发明爱好者掌握科学方法进行发明创造活动，而不是蛮干，以增强其活动的教育效果。这种测试的内容难度并不大，只要青少年发明人在平时的发明活动中注意发明创造知识的积累就能取得好的成绩，因此不必搞死记硬背的"应试教育"那一套，只要结合自己的实践过程，认真回忆回忆、理顺理顺就可以了。当然，这些测试题中有一定量的创造性思维的内容，这也需要平时进行培养训练，不可能在短时间内突击过关。

第二章

学生的创造性技法学习

1. 发现创造法

阿佩尔的创造启示

1804 年的一天，法国有个叫尼古拉·阿佩尔的糖果点心匠，他在整理物品时，发现一瓶放置了很长时间的果汁没有变质。为什么这瓶果汁经久不坏呢？纳闷中，他细心地察看着这瓶不寻常的果汁，终于找到了答案。原来，这是一瓶经过煮沸又密封很好的果汁。看来食品用这种方法可以得到长期保存。于是他将一些食品装入广口瓶，在沸水中加热半小时以后，趁热将软木塞塞紧，并用蜡封口，果然可使食品长时间地保鲜。罐头就是这样发明的。尼古拉·阿佩尔为长期贮藏食品做出了贡献，获得了 *2* 万法郎的奖金。不久以后，他就在巴黎建起世界上第一家罐头厂。

一个偶然的发现，导致了一种新事物的诞生，这种情况在发明创造的历史上是很多很多的。例如，*19* 世纪，苏格兰有位橡胶工人，他成天和橡胶打交道，衣服上免不了要沾些橡胶溶液。在一次下雨的时候，他无意中发现衣服上沾了橡胶液的地方没有渗进雨水。真想不到，就是这个小小的发现引起了他发明的构想。

再如，美国有个叫诺利的人，取东西的时候，不小心碰倒一瓶松节油，松节油洒到了一条裙子上。过后，发现裙子上洒过松节油的地方，不仅没有留下污迹，反而比别处干净。就这样诺利发明了服装干洗法，并在世界上创办了第一家服装干洗店。谁能料到，罐头、雨衣、服装干洗法这些优秀的发明创造，竟来自平淡无奇的小事中。然而令人感到遗憾的是，早在他们之前就有人不止一次地碰到过这种不起眼的事，却没有人从中想到发明创造上去。为什么同样的事情发生在他们的身上，就会大放光彩呢？

先应确定一下发明创造的目标，然后按照目标的要求探索达到目的的途径。例如，选定了要发明木材无屑切割机之后，再根据创造目标的要求研究怎样才能无屑切割木材。

如果事先并没有打算发明创造个什么，当偶然发现某种现象，并领悟到其中的作用时，产生了利用这种进行发展创造的明确目标。例如，罐头、雨衣和服装干洗法的发明过程，就属于这种情况。虽然阿佩尔是有创造头脑的人，但是，他在没有看到那瓶"特殊的果汁"前，是根本没有想到发明罐头的，而这瓶"特殊的果汁"被他看到后，不仅给了他发明罐头的启示，同时还向他指明了实现发明的技术途径。这种发明创造叫做发现创造法。在这种创造中，"发现"除了作为发明创造的起点，还包含着实现发明的具体方法或基本原理，也就是说，这种发现既告诉了你发明什么，也告诉了你应该怎样去发明。

发现创造法的原理

被发现的事物是普遍存在的，松节油洒在衣服上不仅弄不脏衣服，而且起到净化作用这一事实，在谁的面前也是一样的，遇到这种现象的人也不是惟一的。但是，认识到这是个发现，而且利用这一发现做出发明创造的人则是惟一的。人们早就知道这么一个常见的现象：看到火炉或者灶火里的火燃烧不旺时，只要拿根铁棍拨一拨，火苗就顺着拨开的火眼蹿出来，火一下子就旺了起来。这个极其平淡的现象一直没有点醒人们的创造思想。直到20世纪初，才启发中国山东有个叫王月山的炊事员，他用煤粉捏了几个煤球，然后在上面均匀地戳出几个通孔。这样做成的煤球，不仅火烧得旺，而且很节省煤炭。大家熟悉的蜂窝煤就是这么发明的。

臭豆腐的发明也包含着一段有趣的故事。中国清朝康熙年间，北京前门外延寿行有个做豆腐的小商贩叫王致和，每天大街小巷地去卖豆腐，但生意总是清淡。一次，他的豆腐发生霉变，可他却舍不得丢掉，把发霉的豆腐撒上盐巴，放在瓦罐里存放起来，过了一段时间，取出一尝，不由得大吃一惊，发霉的豆腐变香了！此后，他便如法炮制，并取名为"臭豆腐"。这一新产品大受人们欢迎，王致和的豆腐生意日益兴隆，如今北京的王致和臭豆腐誉满中国。

发现创造法之所以成功率高，创造性强，见效快，关键在于发现创造法能够使人从中获得实现创造的方法或原理，而这种方法或原理人们却一般难以预先想到。

中国北京航空学院研究生高歌，发现"沙丘在风暴中位移而形不变"的现象后，受到极大的启发，激起了创造的灵感，发明了"沙丘驻涡火焰稳定器"，攻克了航空理论研究中的一项世纪难题，获得国家发明一等奖。

1987 年，中国安徽一教师沈朝军看到自家的小猪想喝水，顺手从沼气池中舀了一瓢沼液倒进食槽，看到小猪很爱喝。这个有心人就开始试验，每次喂猪都在饲料中添加一定的沼液。一个月后，小猪毛色光亮，能食能睡能长。经专家考察与分析，发现沼液中含有多种氨基酸、多种微量元素、维生素、葡萄糖、果糖和大量细菌蛋白等营养物质，能促进猪的生长发育。后来，有人用沼液喂鱼，效果同样不错。

1956 年，美国纽约州一家农场主玛尔金的夫人买了一只兽角。有一次，她拿起兽角当"话筒"喊叫丈夫回家吃饭，忽然，发现了一个奇怪的现象：几百只毛虫像雨点般纷纷从房屋旁边的一棵树上落下。她把这个意外的发现告诉了丈夫。玛尔金把"兽角话筒"拿到果园里一试，果然如此，而且效果出乎意料，仅仅用了 3 个小时，所有果树上的害虫便被清除得一干二净。玛尔金夫妇的这一奇异发现，引起许多生物学家和声学家的高度重视，专家们正在进一步研究声波对毛虫的机械作用，然后仿制一种类似的震荡器，作为消灭树上害虫的工具。

发现创造法的应用要领

（1）确定发明创造的目标。

（2）按照目标要求探索达到的途径。

（3）充分利用偶然发现的某种现象进行发明创造，遇到任何事情和现象，脑子里都要想一想，能否利用它来发明个什么东西。

（4）有了发明构思并不伟大，伟大的是能去实现这一构思。

设想的力量

两次诺贝尔奖获得者莱纳斯·鲍林指出：要想产生一个好的设想，最好的办法是先激发大量的设想。这说明了创造性思维的低概率本质。仅依靠一个设想去解决问题，成功的可能性是极低的。但是获得的设想越多，就越接近你的目标。因此，最重要的事情是尽可能多地产生出"正确答案"。你在后来可能不会使用产生出来的全部设想，但这些设想是为了让你进行评价筛选的，不是限制你的因素。你应有这样一种态度：每样东西都或多或少有些价值，没有无价值的东西。这就是专业摄影师为什么对一个重要的主题要拍摄许多次的原因。他可能会使用不同的光圈、曝光速度、滤色镜，他可能要拍 30 张、50 张甚至 100 张以上。这是因为他知道在他拍摄的所有照片中只有几张能够成功。一个摄影师曾经告诉我，他有一次跟随捕鲸队远航，拍了 850 张照片，但只有 11 张较成功，可以拿给朋友们看。

如果你邀请你所认识的最聪明的人来，敬他们每人一杯美酒，以使他们对你开诚布公。他们就会直言不讳地告诉你，在他们的 20 个设想中，19 个都没有什么用。但是由于他们能产生众多的设想，结果他们都能发现几个新奇的设想。

发明家杜比（他消除了音乐录音中的嘶嘶声音）持有相似的观点，他说：发明是一种技巧。有些人有这种技巧，有些人则没有。你可以学会怎样去发明。你要控制自己不一头扎进第一个设想里去，因为真正一流的设想很可能就近在咫尺。最有希望成为发明家的人常这样说：不错，这是一个办法，但看起来不像是最好的方法。然后他继续思考下去。

怎样才能使鱼不臭？一抓到就把它烧熟；冷冻起来；用纸包好；旁边放一只猫；点上一炷香；把它放在水里，把鱼鼻子割掉。

2. 突破思维创造法

六面发光电筒的启示

一个深秋的夜晚，随着一阵阵风声，远处不时传来断断续续的脚步声，并有忽明忽暗的亮点在闪动。歹徒发现有人追踪，就拼命地向黑暗中跑去。目标很快消失了，警察急速朝黑暗中搜寻过去。一束束的手电筒的光线交叉着扫来扫去，光圈在树丛、石墩、土堆、电线杆、道路、墙壁之间移动着，始终没有照到目标。忽然，一名警察听到附近有脚步的声响。他迅速打开手电筒，照向发出声响的地方。借着晃过去的光线，隐隐约约地发现一个人影翻过一堵矮墙，当他冲过去时，人影已经不见了。一连几次都是这样。他一边搜索一边思考，眼前黑得伸手不见五指，自己不借助着手电筒发出的亮光什么也看不清，而手电一亮时，又暴露了自己，真不知如何才好。

搜捕在继续进行，他围绕着这个问题不断的思考。当他看到同伴射来的一道手电筒光线时，头脑产生了一个新奇的设想：要是一听到前方有动静，自己就把一个关闭的手电筒丢向可疑的黑暗处，这种摔不坏的手电筒一落到地面就自动接通内部的电源，成为名副其实的"电灯"把周围照得雪亮，再狡猾的歹徒也将无法隐藏。警察的这种思想并不是胡思乱想，而是人们在某种愿望的驱使下，产生的创造性想象。按照这一创造性的想象，意大利发明家阿尔贝托·卡博尼发明了一种六面发光的电筒，这种电筒用橡胶作主体，它的外形是正方形，六面各有一个灯泡和反射镜，电池装在电筒的中心。警察执行任务时，将它投到黑暗处，碰撞力就能把电源接通，六面同时发出明亮的光芒照耀着四周，不但使暗藏的人暴露出来，还可以隐蔽自己。六面发光的投掷电筒从此成为警察和哨兵的得力工具。

突破思维创造法的原理

回顾以上发明的过程，发明创造必须破除旧思想。破除旧思想就是改变现有事物在自己心目中的既成形象。不破除旧事物的形象，新事物的形象就很难产生。许多事物在人们心目中的形象往往一成不变。手电筒只能从前面发射一束光，而且是握在手中使用的，这就是手电筒在大多数人的思想中不可改变的形象之一。正是这种形象宛如无形的锁链大大束缚了人们的创造性。如果你在发明创造的想象中，思来想去总摆脱不了原有形象，要革新这个事物，要想有所发明创造是不可能的。

破旧思想创造法应从两个方面思考：一是从某种目的或某种需要出发，思考旧事物的新形象、新内容；二是大胆畅想，主动改变旧事物的形象，思考这种改变了的形象有什么新的作用。

经过这种思维训练，说不定在什么时候，一个个有用的创造性设想就会油然而生。如若不信，你现在就试一试。还以手电筒为例，请你改变手电筒的原有形象，设想出新的形象。

你能想到这些新形象吗？手电筒可以被使用者任意弯曲成各种形状，用于不同的目的；手电筒带有一个结构巧妙的夹子或吸盘，有了它可以把电筒固定在各个地方；手电筒下方开着一个可以开闭的小窗口，在照射前方的同时，从小窗口透出的一束亮光正好照亮脚下的路；手电筒可以伸长或缩短，以方便不同的需要；手电筒不再握在手中，而是像一副眼镜似的戴着，看到哪儿光束就照在哪儿；刚才还是柔和的手电光，突然在瞬间变成一道刺眼的闪光，足以使对方的双眼暂时失去视觉；手电筒对准一堆干柴照射几下，干柴就自己燃烧起来；手电筒与台灯设计在一起，遇到停电时，可以很方便地拿下手电筒；平时的手电筒，需要时还可以用它当测电笔。这些新形象的手电筒有的正在设计，有的已经成为产品。

破除旧思想是进入创造王国的突破口。那么，如何破除旧思想呢？归结为以下三点：

（1）把自己熟悉的事物当作陌生的事物。

（2）用幼稚的心灵重新想象出这些事物。

（3）从新的角度异化这些事物。

例如，一提到书，脑海中就出现了自己曾见过的各种各样的书，在这当中决不会有梅花状的书、能伸长缩短的书、文字和图案能变大变小的书。这表明，常规的思维只能想到已知的事物，即事物的旧形象或旧形象的事物。创造的最终目的正是要改变事物的旧形象或改变旧形象的事物。存在旧形象则不利于新形象脱颖而出。摆脱不了书的旧形象，难以在"书"上有所发明创造，而书的新形象只有在抛开书的旧形象之后才能形成。这就需要将熟悉的书当作陌生的书，使自己成为一个从来没有见过书的人，觉得书很神秘，这样就能毫无束缚地想象书的样子。

书像地球仪？书像照相机？书像弓箭？书能悬浮在空中？书能当积木玩？书能当琴弹？这些与旧形象不同的"书"改变了书的旧形象，改变了旧形象的书，体现着创造性的思想。没有创造性的思想，书永远是那样，书永远是书"。一些国家设计的几种书很有创造性，例如，操作性玩具书可以把整本书当玩具。英国出版的一种玩具书，第一页有鞋和鞋带，要小朋友自己学着系鞋带；第二页谈扣子的故事，小朋友在书上真的可以开起扣子来；第三页可以拉拉链，有趣极了！

还有用布做的玩具书，咬不断、撕不破、耐洗、耐磨，两岁以下的孩子最爱玩；塑胶书，不怕湿，对不喜欢洗澡的小朋友有安定作用，可把其注意力引到阅读上。美国有一本专供小女孩阅读的玩具书，竟然配有镜子，书里头还可以摸到爸爸粗粗的胡子，书中主角小公主的头发乱了，小朋友还可以帮公主梳理头发。这样的书，不仅使人们学到理论知识，还可以在书上进行实践活动。

突破思维创造法的应用要领

（1）企图改变旧事物、已有物品的形象和内容。

（2）想一想改变了这些形象和内容的作用是什么。

（3）如果改变之后有一种新作用，即已产生发明构思。

（4）有了发明构思，立即记载在本子上。写下来之后，你会有不完美的地方，会再思考，再改进，直到满意。

假设的延伸

假如加工狗食的公司在其产品中加进点不能消化的添加剂，如短牵牛花或金盏花的种子，会怎样？狗可能会成为种花同时又施肥的播种机吗？另一种添加剂可以是一种无毒的荧光物质，这一产品在城市里受到特别欢迎。因为这样人们在晚间散步时就会知道前面黑影里闪闪发光的东西是他们不愿往上踩的玩意儿。你能想象出具有别的用途的添加剂吗？

一位朋友谈起过创造过程的问题。他很难去分辨创造性思维中所发生的一切与魔术的区别。若你静下心来想一想，我们的思维真就具有魔术般的能力。我们能思考一切，正是这种魔术般的形象联想能力给予了艺术家巨大的发明创造才能。

运用这种思维的一个简单易行的方式是问一问："假如……怎么样，就会怎么样？"

然后在空挡里填上不合实际的或根本就不存在的情况。不要总考虑符合实际，要尽量发挥你的想像力。我们对事物应该是怎样的往往设定了许多既定框框，因此只有问一问："假如……怎么样，就会怎么样？"这类不常见的问题才能使我们避开这些既定的框框。下一步是回答这一问题，此时一定要牢牢记住别让你的思维靠近现实，别作任何批评性的评价。这是因为，尽管你激发出来的许多设想不是很实际，但这些不实际的设想却是通向符合实际的富有创造性的设想的阶梯。发狂似的、愚蠢的和稀奇古怪的设想可导出符合实际的联想，并且发现实际设想的惟一道路就是沿着这一阶梯走上去。

例如，假设你是个建筑师，想要激发出一些有关新式办公楼的设计思想。你这样问自己："假如办公楼外面覆盖上一层动物一样的皮毛会有助于保暖或隔热吗？它们在夏天可能会脱落，它们可以被修理一番以反映出大楼主人的精神状态，军事基地可以留个平头，退休村的楼可以涂成灰色，大学生宿舍可留长发。"你这样思考一会儿，然后使思维跳跃到另一种动物上。譬如说蛇，你开始琢磨他们的鳞片是怎样拼起来的，这会给你带来既节约能源看起来又心神愉悦的楼顶设计想法。

3. 联想创造法

恩德曼的酒西瓜的启示

美国园艺师恩德曼善于联想，为了培养西瓜新品种，他经常把瓜同各种事物尽可能的连在一起，做过牵强附会的思考，企图从中思虑出新的品种。1988 年 4 月的一天，当他从西瓜联想到醇厚甘美的酒时，突然脑海中闪现出培养酒味西瓜的创新意识，他抓住这一设想不失时机地着手试验。他先在西瓜藤的切口上接一根芯，再用粘膏固封，最后将灯芯的另一端浸在酒里。当西瓜成熟时，酒香飘溢，带酒味的西瓜就这样培植出来了。西瓜和酒作为截然不同的两种东西，很难使人从西瓜想到酒，或者从酒想到西瓜。即使想到了反而觉得有点儿荒诞不经，更不去深入地思考，哪能形成酒味西瓜或者西瓜酒的创造性思想？

我们生活的世界是由形形色色的事物构成的，事物之间存在着各种各样的差异。事物之间有差异，才使得整个世界变得丰富多彩、千姿百态。反过来，也正是事物之间有差异，人们才难以把它们联系在一起，联想成整体。两个事物之间差异越大，联想起来越困难。例如机关枪、家具、牛奶、陶瓷、播种、气球、汽水、自行车、毛巾等，相互之间都是差别较大的事物。提到机关枪，人们自然想到士兵、战争、军事学习、火箭炮、玩具等，而不会想到农民在地里播种吧！人们用毛巾擦脸时，决不会轻意想到毛巾和陶瓷有什么缘分。同样的道理，挤牛奶时，不会想到汽水；骑自行车时，不会想到气球。要问为什么想不到，大家一定异口同声地说：因为机关枪和农民种地没关系，毛巾和陶瓷没关系，牛奶和汽水没关系，自行车和气球没关系。然而，现在看起来无关的事物，不一定永远无关。多少过去无关的事物，今天不是成了有关的事物了吗？

请看，高效率高质量的播种机关枪；吸水性佳、清洁性好、抗菌力强的陶瓷毛巾；可口又富有营养的牛奶汽水，如今都已创造出来了。

联想创造法的原理

使原来无缘的事物建立起联系，并共同演变成新事物的过程就是联想发明创造的过程。17 世纪，意大利的造船工业十分发达，一些爱动脑的木工，从锯子锯木料时发出的不同声音联想到乐曲，试图发明一种新的乐器。经过对各种锯子进行拨、敲、拉、弹的探索，终于研制出一种既是锯木板的工具，又是乐器的锯琴。

无独有偶，美国加利福尼亚州著名画家霍金斯也把锯引入艺术的殿堂，创造了锯画。在他看来，在各种物体上都有可能绘画，比如那光亮平滑的金属锯是极好的作画材料，比画布毫不逊色。他在各种规格、各种形状的金属锯上，绘画出山水风景、树木花草，名曰"风景锯"。引起艺坛人士的高度重视，称誉他的锯画为硬与软的汇合艺术。

许多发明创造，像酒味西瓜、锯琴、锯画等，人们并非做不来，而是人们想不到去做。每当清晨，在马路上、公园里、操场上、树林中，都可以看到散步和跑步运动的人。他们当中还有人在腰间挂着或在裤兜里装着一个小玩意儿——记步器，用它来记录自己的步数。有人从步数想到距离，于是一种能够将步数换算成距离显示出来的记步器应运而生。记步器发展到这一步，已经为大多数人所满意，然而不知足的发明革新者仍在继续思索着，他们又从距离想到了地图。结果，设计出一种与地图上各地之间的距离相对应的记步器。这种记步器，可以记录自己跑过的每一个地方，从而激起大家跑步的劲头。即使在室内原地踏步跑也不乏味，它能告诉你从当地出发，步行到或者跑到首都经由哪些城市及到达每一地方所需要的时间。在记步器上进一步联想，还会做出许多发明。例如，再把记步器同定时器联想到一起，设计一种不仅记距离、记时间，并且能在预定的时刻发出哔哔的响声，提醒运动者活动时间已到，免得运动者尤其是老年体弱的人跑过头。

还有许多发明创造，不是人们想不到，而是人们想到了却做不来。联想不但有助于发明思想的产生，而且，有助于发明创造的实现。你也许早就想到过这样一个发明：毛衣起球去除器，但一直想不到该怎样设计。其实，能除去毛衣起球的机器，在其他事物上已经有了，多多联想才能找到它，电动剃须刀。借鉴电动剃须刀的原理，用飞速旋转的刀片产生的吸引力，将毛球吸进刀网内，并将切断后的毛球收集在透明的容器里，一种电动毛衣起球去除器就这么设计出来了。

发明创造中的联想，总有起点和终点。联想的起点有两种：一种是确定的起点，另一种是不确定的起点。联想的终点也有两种：一种是确定的终点，另一种是不确定的终点。

例如，毛衣起球去除器的发明，始于一个确定的起点：除去毛衣起球。而它的联想终点是不确定的，有剪刀、钓针、电动剃须刀等。锯画的发明则始于不确定的联想起点：鸡蛋壳、瓶子、鞋、锯、水果、秃头，绘画则是锯画联想的确定终点。

联想的起点和联想的终点存在着下列关系：

（1）确定的联想起点对应着不确定的联想终点。

（2）不确定的联想起点对应着不确定的联想终点。

在一项发明创造的联想过程中，确定的联想起点和确定的联想终点都有无穷多。

具有某种知识或技能，一时找不到运用这种知识或技能进行发明创造的对象，联想的起点往往是不确定的。看到了问题，想到了发明的课题，苦于不知如何去解决设计问题，联想的终点就是不确定的。但是，联想的思路不是固定的。一般在伏案冥想或闭目深思某一个发明时，沿着确定的联想起点，不确定的联想终点的思路。在旅游、乘车、赏花、观灯、洗澡、浏览书报、聊天时，有意识或无意识的把某一事物同长期悬挂在自己心中的那个发明问题联系起来思想，其思路就成为不确定的联想起点，确定的联想终点。在发明创造的不同阶段，联想的思路也在不断变化。

联想创造法的应用要领

（1）经常把各种事物尽可能的连在一起，作一些牵强附会的思考，企图从中思虑出新的品种。

（2）许多发明创造，不是人们想不到，而是人们想到了却做不来。有了发明构思，立即记载在本子上。写下来之后，你会觉得还有不完美的地方，会再思考，再改进，直到满意。

（3）许多发明创造，并非人们做不到，而是人们想不到。还应该抓住一个设想不失时机地着手试验。

（4）现在看起来无关的事物，不一定永远无关。多少过去无关的事物，今天不是成了有关的事物了吗？使原来无缘的事物建立起联系，并共同演变成新事物的过程就是联想发明创造的过程。

（5）在词典中，找任意一个代表事物的词，当作联想触发词。然后去联想，例如：书包。可以由书包联想到课本、文具、教室、学校、商店等。然后再把书包与联想的事物相联系，看能不能产生新的事物，例如：带钟表的书包。如果不能产生新的想法，可以换一个联想触发词再试。

（6）数学表达式为：$A \times b \times d \times e \times f \times g = C$。

A 表示一种事物，$\times b \times d \times e \times f \times g$ 表示被联想事物，C 表示新一种事物。

激发联想的方式

假想你正坐在一个黑暗的顶楼上，周围摆放着各种杂物、仪器、相册和书。你手里有一个小电筒，按亮电筒，照向某处。照到一幅你在一次高年级舞会上的照片，你的脑子里把所有的与晚会服装、很晚睡觉、开快车等有关的一切都联想起来了，然后把电筒光移到一个罗盘上，现在你开始想到自己正穿过一片荒野。再照另一个物体，这次是一个核桃夹子，现在你又想到了圣诞节。这是创造学中的一个训练。

你的大脑就如同一个黑暗的顶楼，杂乱堆放着各种各样的经验和想法，你大多数时候不去想它们，因为你那一小束意识流并未集中在它们上面。但如果你找到了一种方式迫使你的手电筒环照空间，你可能就会发现更多你已经拥有的东西。

把你头脑中的杂货仓库转变成一个宝库的好办法是使用"触发概念"，这是一组在你大脑中触发新设想联系火花的词。像扔进池塘的石子一样，它们会激发其他的联想，其中一些联想很可能帮助你发现新东西。例如，口袋可能会使你想到裤子、上衣、长袖衬衫、台球桌、空心面包、包袋和坛子。

选择一个触发词有几种方式，其一是把整个词典看上一遍，直到发现你喜欢的词；其二是闭上眼睛，用手指在书页上点；其三是使用词典目录表随机把手指指到页码数字上，然后找出相应的触发词，若你指的是68，则相应的触发词是"磁石"。

现在想想与你挑出的触发词相联系的东西。例如，一块磁石能作什么？它有吸引力，能吸引的东西都是什么？其他类型的磁石是什么？一片好土地对开发者是一块磁石，啤酒对懒汉是一块磁石，一个水平低的后卫是把球吸引到他的防区的磁石。一个摇滚乐明星是明星迷的磁石，一个税收低的州是新商业的磁石。你可以在你从近旁发现的关联词上继续构筑联想。如果你的触发词是"鞋"，相邻的东西可以是袜子、地板、鞋油、胶鞋、地毯、脚丫子味、脚癣、楼梯、脚镣、跳舞等等。

怎样利用触发词去激发设想呢？方法之一是在触发词和你想得到不同见解的问题或设想之间建立强制联系。

4. 主体附加创造法

汽车的启示

公路上各式各样的汽车川流不息。望着穿梭般的汽车，你可曾想过20年前、50年前、100年前的汽车吗？那时汽车上有保险杠吗？有里程表吗？有行李架吗？有消音器吗？有蓄电池吗？有刹车灯吗？有收音机吗？有空调吗？当时为什么没有？后来又是怎样有的？有了之后对汽车的发展起到了什么作用？经过一番又一番的思索，你就会从中领悟出一条相当有用的发明创造的思路——主体附加创造法。

什么是主体附加呢？早期的汽车在雨天行驶时，雨水落到车窗上往往使司机看不清前进的道路而造成事故。有一天，美国妇女玛利·安得逊乘车前往纽约。由于下雨，一路上司机神色紧张地驾驶着汽车，玛利·安得逊为此深感担心和着急。过后，她思考着这件事，思来想去，就在一个木柄上钉上一根皮条装在汽车上，用来拨开车窗上雨水。后来，又有人把这种手动拨雨器改为电动拨雨器，并可控制拨动速度。这样，无论在细雨中，还是遇到滂沱大雨，都遮挡不住司机的视线，从而大大减少了雨中行车的交通事故。这一发明创造即为主体附加创造法。汽车就是主体事物，拨雨器则是附加物。在汽车这个主体上，

不仅拨雨器是附加物，喇叭、方向灯、后视镜、点火器、温度表、遮光板、电话机，以及前面提到的保险杠、里程表、行李架、消音器、蓄电池、刹车灯、收音机、空调等都是附加物。汽车能够发展到今天，除了主体自身的不断进步外，这些主体附加物的发明创造起着不可低估的促进作用或完善作用。

主体附加创造法的原理

主体附加的发明创造，在许许多多的事物上都存在。这是一种比较普遍比较容易的发明创造。你只要明白了主体附加物的创造特点，就能运用自己的才华进行这种创造。

主体附加法主要有四个特点：

（1）主体是已有的事物，如一把剪刀、一台风力灭火机、一盒化妆品、一颗地雷、一件秋衣、一场晚会、一种制度，等等。

由于任何事物都不可能完美无缺，加之人们对同一事物又不断提出新的要求和希望，因此，事物总存在着这样或那样的不尽人意之处。当你发现事物的某种不足或缺陷时，当你对事物产生某种新的要求或希望时，首先应该考虑：能否在不改变主体或者略微改变主体的条件

下，附加什么以及怎样附加就可以弥补不足或消除缺陷，就可以满足要求或达到目的。

比如理发时，推下的头发落进衣领里，扎得浑身不自在。只要在电推子这个主体上附加吸发装置，就可随时吸去理下的发屑。这样，既使顾客免受发屑刺激，又减少了理发师的工作量，并能经常保持理发室的清洁。

（2）附加分为创新附加和移植附加。

附加的事物若是前所未有的事物或是为了附加而经过实质性改进的事物，就叫创新附加。例如，铅笔上附加的握笔器，香烟上附加的过滤嘴，自行车上附加的快速绑物器，步枪上附加的瞄准仪，等等。附加的事物如若是已有的事物或者在别的事物上附加过，就叫做移植附加。例如，将能折叠的小板凳和小挂钩附加在梯子上，使用时可带来很大方便，等车时间较长时，有凳子可坐，带的器物较多时，可以拉出钩子挂上。

一般来讲，创新附加比移植附加的创造性强。

（3）一个主体常可附加许多发明创造。

例如在洗衣机上，可以附加定时器、水温表、吸毛盘、防绞器、小物品洗涤兜等，通过各种附加弥补了主体事物的诸多不足。因此，几乎所有附加的发明创造都是为主体服务的。然而，事物常有例外，比如附加在自行车上的剪草器、磨面机、收割机等，附加的目的则是为了利用主体的某种功能，此处利用的主体功能是自行车传递动力的功能。结果出现了主体事物为附加事物服务的特例。

（4）一种事物可以附加在多种不同的主体上。

例如响铃，可以附加在钟表、车辆和大门上，还可以附加在儿童服装、警戒网、动物、鸟笼等许多不同的主体上。为一种事物寻找更多的主体，这就是主体附加法中的逆向思路。

　　小附加可出大效益。不断发现事物的缺点，提出新的需要是主体附加的着眼点，否则就不晓得哪些事物应该附加，以及附加什么。把各种事物同主体联系起来是主体附加的思维路线，否则就得不到创新附加的启示和移植附加的对象。例如拉线开关，由于其装饰性差所以逐渐被隐藏式开关所代替。但是琴键开关的安装位置高，儿童使用时常常需要站在椅子上。面对琴键开关这一缺点，多数人的思路是发明一种新的隐蔽式开关取而代之，却极少有人想到用主体附加的办法解决这个问题。美国的一家公司想到了这一点，发明了附加的现有琴键开关上的拉线配件。花四美分买一件，装在各种蔽式开关内，便能适合儿童使用，而且还为蔽式开关增添了几分姿色。这要比发明一种新的蔽式开关容易得多。再比如，人们回到家中，脱了皮鞋再穿拖鞋，仍嫌麻烦，只穿袜子又容易受凉。你看，袜子上附加点儿什么能解决这个小小的问题呢？不难想到，袜底只要附加一层细密的乳胶粒就行了。穿上这种袜子在室内行走，不但脚下不滑，还有按摩效果，而且脚不会冰凉。

　　同样的主体可以有不同功能、不同结构、不同目的、不同层次、不同意义的附加。例如，在小轿车挡风玻璃的夹层内粘有一条条电阻丝薄膜，通电后，提高了玻璃的温度，可使凝聚着的霜、水、雾融化或蒸发掉，这就是在汽车挡风玻璃附加了除霜器。波兰一家工厂，在玻璃夹层上，以边框形式装入用抗腐蚀材料合并制成了半透明膜，使汽车挡风玻璃附加了无线电天线的作用。日产汽车公司则在汽车挡风玻璃上附加"投影时速显示器"，使驾驶员在行车中只需稍稍移动视线便可知道行驶速度，从而提高了驾驶的安全性。

　　世界上没有完美到顶的事物。充实或完善已有事物的过程就是创造新事物的过程。主体附加就是其中的创造方法。饮料瓶附加吸管，纽扣附加五彩贴面，电话听筒附加音乐盒，摩托车附加安全罩，车胎附加压力显示器，编织针附加刻度，扇子附加导游图，文具盒附加元素周期表，玻璃杯附加塑料套，饲料中附加各种添加剂，长筒丝袜附加绒毛，冰箱附加冰淇淋夹，电视机附加关锁等等。附加虽小，意义甚大。许多事物通过附加，可以弥补缺欠，改善性能，增强适应性，由此带来新的活力。小附加出大效益，主体附加是大有可为的发明创造方法。

主体附加创造法的应用要领

（1）在脑海里想现在看得见的和看不见的一样东西，想好之后说出它的名字。

例如：一把雨伞，然后把各种事物往上面试着加。如：汽车，一把雨伞附加上一辆汽车，显然不可行。但可以再不断地往上加。又如：电筒，一把雨伞加上一个电筒还较合理。就这样不断的加东西，直到产生满意的新的东西，即产生了一项发明。这是先确定一个主体，再去找无数个可以附加的事物的方法。

（2）可以先确定一个附加的事物，然后去找主体。例加：温度表，可以设想把温度表加在汽车上、书包上、钢笔上、收音机上、课本上、茶杯上等。

（3）也可以把某种事物上的附加物取来去附加到另外的事物上。例如：洗衣机的定时器，可以把定时器附加到收音机上、电视机上、办公桌上、电话机上等。

（4）通过不断地附加，找到一种新的事物，即为发明。

（5）数学表达式为：$A + b = C$。

A 表示一种事物，b 表示被一个附加的事物，C 表示新一种事物。

注意小事物

小事情有大作用，尤其是与其他事物互相结合互相影响时。例如，世界气候体系中任何一处发生的小变化都可能会引起重大后果。*1982*

年冬，太平洋气候结构发生了异常，结果是特大干旱在印度、印尼和澳大利亚蔓延。而太平洋西岸和北美却遭受了特大暴风雨和海潮的袭击。连续几个月气象学家都对成因迷惑不解，最后他们发现是厄尔尼诺赤道附近的一小股暖流正在不引人注意地向西扩散，因而造成了太平洋地区的气候变化。当这股暖流消失后，气候结构即恢复了正常。

为什么今天的游泳速度比 20 年前快得多？是因为运动员们身材更高大？饮食质量更好？教练员对游泳技术研究得更透彻？当然这些都起着不可忽视的作用。但对游泳速度起着重大影响的是轻型游泳镜这样一件小东西的问世。由于运动员都是在经过氯化物处理过的水中进行训练，所以没有保护镜，游泳运动员每次训练最多只能游 2000 至 3000 米，否则眼睛就因受刺激而痒痛。新型泳镜保护了他们的眼睛，使他们得以延长训练时间，增加运动量。现在，每天 1.5 万至 2 万米的游程在奥运会选手的训练中并非少见。有了这个小东西，运动员的成绩提高也就不足为奇了。

问问你自己：能够对我激发设想起重大作用的小事物是什么？

5. 异类组合创造法

圆珠笔的启示

世界上第一支圆珠笔经过 7 年的孕育期，于 1945 年问世。事物只有诞生之后，才能真正显示出它的意义和价值。新事物的生命力就是由它诞生后的意义和价值构成的。生命力越强，表明创造的意义和价值越大。从第一支粗糙的圆珠笔到目前那五光十色的圆珠笔，生动地炫耀着圆珠笔这一优秀发明创造的旺盛生命。漫游圆珠笔的王国，你会发现许多秘密。

请看这支圆珠笔，其外观和书写功能与普通圆珠笔毫无异样，但它却具有独特的功能。当你出门在外，遇到纽扣掉落或衣服扯破时，不必发愁。它的笔芯上各绕着白色、黑色、褐色三种颜色的线，并装有两根 30mm 长的缝衣针，可以取出缝补。再看，这支圆珠笔也相貌平平，不同的是笔内卷藏着长 20cm、宽 7cm 的日历。按一下按钮即可拉出日历，再按按钮，日历又自动卷回，它可以帮助你弄清日期。针线、日历和圆珠笔本来是各自独立而且互不相干的东西，针线的基本功能是缝补，日历的基本功能是显示日期，圆珠笔的基本功能是书写。由于它在功能和用途上的差异，谁也无心琢磨针线、日历和圆珠笔的关系，也不思谋缝补、日历和书写有无瓜葛。然而，创造之道正是要能想到他人之未想。在这里，发明者只是把前人早就发明的圆珠笔分别和针线、日历组织成一个新的整体，就构成了新的创造。

异类组合创造法的原理

把两种或两种以上的不相同的事物组织在一起，形成一个新的整体，这在发明创造学中叫做异类组合创造法。异类组合对象有产品，也有工艺或方法。不相似或者不相同的事物，不仅在各个行业之间、在各个领域之间存在，而且在同一行业内和同一领域内都是大量存在的，不相似或者不相同的事物是没有穷尽的。因此，异类组合是最广泛的发明创造方法。针线、日历和圆珠笔虽然不是属于同一行业的产品，但是其组合的结果却发明了带针线包的圆珠笔和内藏日历的圆珠笔。而钢笔和圆珠笔则是同一行业的产品，其组合的结果照样创造出，大家常用的两用笔不就是很好的发明吗？再看，谜语和雪糕，花篮和蚊帐，风扇和帽子，音乐和医疗，也都是既不相似更非相同的事物。面对这形形色色的事物，怎样才能使组合的思想四通八达、畅通无阻呢？

创造，首先是思想上的跃进。行业之间的区别，领域之间的界线，技术之间的鸿沟，事物之间的差异，是影响组合思想的屏障。组合创

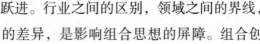

造法首先要突破这层屏障，把组合创造的思想扩展到所有的行业里，渗透进所有的领域中，在各种各样的事物中寻找组合的对象，研究组合的需要性和组合的可行性。组合不光局限在物和物的范围内，事和物、事和事亦都可以组合。风扇防热帽，花篮式蚊帐，属于物和物的组合；谜语雪糕是事和物的组合；音乐治疗法则属于事和事的组合。在物和物、事和物、事和事的组合中，以物和物的组合为多，例如，月历和天线的组合，增添了室内的美观，又能接收电视广播；图章和头像合为一体，在书信或题词、赠语落款处盖上有自己容貌和名字的肖像图章，亲友得到之后一定感到格外亲切；铲刀和鞋连在一起，用踢的方式铲断甘蔗、豆秆、麦秆类作物，这种收割鞋可谓独具匠心。

你不但可以进行跨越行业或领域的组合创造，还可以在同一行业或同一领域内施展组合创造的才华。例如牙膏和牙刷属于同类物品，推土机和铲土机属于同类物品，橘子罐头、菠萝罐头、葡萄罐头、苹果罐头、梨罐头等属于同类物品。但是将牙膏和牙刷组合起来就发明了旅行者欢迎的含牙膏的牙刷；组合设计推土机和铲土机，研制出多功能的推铲土机；把橘瓣、菠萝、葡萄、苹果和梨组合在一个相互隔开的容器内，就创造出复合罐头，消费者花一瓶罐头的钱，就能同时吃上几样东西。

将若干事物的功能或特点通过组合汇集成一体，达到优化事物的目的，或者为了一事多能或一物多用。

例如，比利时一家公司的设计师们将有轨电车、无轨电车、公共汽车所有优点组合在一起，研制出一种叫做"汽车地铁无轨车"的新型交通车。它由六节舒适的小车厢组成，有宽大窗户，使用无轨电车的轮子，沿着混凝土导轨行驶。这种电车也能不靠接触电线行驶，而利用公共汽车的柴油机。在西欧"尤里卡"计划中，德国、西班牙、法国、英国和意大利联合研制组合式飞机。这种组合式飞机的机翼两端各安一台能自转 90 度的发动机，起飞或降落时，两台发动机垂直向上的方向，能像直升机一样升降；飞到一定高度，两台发动机改呈水平向前的方向，能同普通飞机一样飞行。它的最大优点是所需的升降场地小，甚至能在市场内的空旷地段起飞或降落。

将若干事物的功能或特点通过组合汇集成一体，创造出组合前完全没有的新功能或新特点。

例如，高温喷涂彩釉的发明就是这样。中国工程师邵文古将现代高温氧焊技术和陶瓷釉料的涂饰结合起来，使精细配制的硅酸盐彩釉粉剂与燃气一起，以极高的速度从喷枪口射出，形成一个 1500℃ ~ 2800℃ 的高温火焰，其中均匀分布着由固粒液化进而雾化了的微细釉料液滴。运用这支绝妙的高温和施釉画笔，可以绘制巨幅陶壁画，而用工少、成本低，改变配料后，还能用来修补搪瓷器具等。

上述两种目的的组合，前一种占的比例很大，组合后与组合前相比，具有减少机构、减少零件、减少层次、减少小体积、减轻重量、降低成本、节约材料、利于管理、使用方便等优点。组合的目的不论是前者或者后者，抑或二者兼有，组合创造出来的事物都是前所未有的，而被组合的对象却是以前就有的。比如，美国推出一种自行车气筒链锁，既是自行车车锁，又可当打气筒用。自行车气筒链锁虽然是前所未有的事物，但是被组合的对象气筒和自行车链锁却是以前所有的产品。再比如，把谜面印在雪糕包装纸上，谜底刻在雪糕的小木条上。人们一边吃雪糕，一边猜谜，吃完雪糕就看到谜底，看看自己猜得对不对，既可消暑，又有情趣。这小小的组合，也能够带来可观的效益。还有，把时钟设计在笔筒上即成为新款式用品，一物两用，节省地方。中国台湾省台中县推出一种新产品，把石英电子钟设计在小学生的书包上，产品销往欧美市场。

事物之间的组合是斑斓多姿的，绝不是一一对应的。一种事物可以寻觅无数组合对象。再以圆珠笔为例。和它组合的对象不光有针线和日历，还有图章、消字器、测电笔、钢笔、钥匙扣、微波型收音机、温度计、电子表、驱蚊器、香料、微型电筒、打火机，等等。例如，在圆珠笔的笔杆上端设计一个哨子，就组合创造出带哨子的圆珠笔。体育教师和裁判员使用这种圆珠笔再惬意不过。再看"棋的组合"，把中国象棋和国际象棋的特点巧妙结合，发明了世界通用象棋；把下棋和足球竞赛组合起来，发明了既适合"棋迷"，又适合"球迷"的足球棋；把棋同食品组合在一块儿，将出现食品棋，双方用镊子下棋，赢一个吃一个，千差万别的事物是构造新事物的不尽源泉，扩散思维和集中思维是组合创造的思想指南。你想创造新的事物吗？那就请你眼观六路洞察万千事物，把不同的需要集合起来思考，组合出众多的新事物。

异类组合创造法的应用要领

（1）设法把两种或两种以上的不相同的事物组织在一起，形成一个新的整体。

（2）抓住一个新字，被组合的对象可以是以前就有的，但组合出来的东西必须是新的。

（3）一种事物可以寻觅无数个组合对象，可以用一种事物去与不同的事物组合。试一试，看一看有没有一种新的事物产生。

（4）不同类型的事物很多，组合的可能也无数。组合的不满意再多次组合，总有一次会是一件新事物的。

（5）数学表达式为：$A + B = C$。

A 表示一种事物，B 表示一个被组合的对象，C 表示新一种事物。

触发词的组合

哲学家笛卡儿来到一个酒吧间，找一个位子坐下了。侍者过来问他是否要一杯啤酒，他回答说："我不想。"说罢竟突然消失了。

你很可能认为这个笑话并不是很有趣，但若你能把这个笑话与笛卡儿的哲学基础，即他的"我思，故我在"这一论述联系起来，你可能就会觉得可笑了。不光幽默依赖于建立联结关系，作诗、空中旅行、作好生意和侦察罪犯也都以联结联想作为其基础。正如设计评论家凯普兰所说的："所有的艺术和大部分的知识都需要识别或作出联结关系。若不能把未知的和你已知的东西挂起钩来，你就什么也学不到，什么也吸收消化不了。"

创造思维也往往是把两个以前看起来的相互无关的设想联结起来，把它们变成新东西。卡特伯格把硬币冲压与榨酒联系起来，发明了活动铅字和印刷机。孟德尔把数学与生物学联结到一起，创立了遗传学。史密斯把航空公司的辐射式航线思想与隔夜包裹快速传送服务的设想联系在一起，创立了"联邦速递公司"。

从前面所讲的触发词中挑出几个并将它们组合起来，看看这些联想能碰撞出什么样的设想火花来，这项活动大有乐趣。例如：

迷宫 + 水 = ？

一条河流蜿蜒曲折从高山之间流向大海；

生物的血管；

19 世纪寻找尼罗河发源地的尝试；

一艘潜艇穿越一条充满障碍的航道。

磁石 + 图书馆 = ？

吸引和鼓励人们交还过期图书的办法，或许可以允许他们使用收藏珍本图书的房间；

一家书店正在减价卖书；

一位漂亮的姑娘或英俊的小伙子（他们的遗传"图书馆"给了他们一张漂亮的脸蛋）。

工具 + 床垫 = ？

橄榄球运动员训练阻挡技术使用的器械；

刺激做梦的药物；

练习跳高用的设备。

砂纸＋环＝？

打磨圆形物体的工具；

一种包围一座城市，不断进行蚕食，最后予以攻占的战术；

将彩虹与钟、手稿与车间、人造卫星与天堂分别组合起来，你会由此联想出什么？有时一无所获，有时你会得到一个相当不错的设想。大胆去尝试吧，乐在其中。

问问你自己：我能把什么设想联结到我的想法上去？

6. 反面突破创造法

倒计时的启示

1927 年，德国乌发电影公司开始摄制世界上第一部描述太空旅行的科学幻想故事片《月球少女》。在拍摄火箭发射的镜头时，为了加强影片的戏剧效果，导演弗里兹·朗格想出一个点子，将顺数计时发射程序 *1，2，3*，发射，改为 *3，2，1*，发射！这一颠倒的发射程序竟引起了火箭专家的莫大兴趣。经研究，专家们一致认为这种倒数计时发射程序十分科学。它简单明了、清楚准确、突出地表现了火箭发射的准备时间逐渐减少，使人们的思想高度集中，产生准备时间即将完毕、发射就要开始的紧迫感。从此以后，火箭或导弹的发射，核装置的起爆等，都采用了倒数计时程序。弗里兹·朗格敢于逆向改变相沿成习的事物，创造出倒数计时程序，不光使一部影片增添了几分色彩，而且为科学技术的进步做出了宝贵的贡献。顺数计时程序和倒数计时程序差别仅仅在于前后次序相反，但却产生了不同的效果。

颠倒并不是稀罕事，在我们的身边也时常出现颠倒的事。比如，缝反了纽扣、反安了门锁、拧反了开关、接反了线路、倒置了箱子、装反电池、放反了影片、翻穿了衣服等等，不过，这些颠倒大都没有意义甚至有害，所以人们尽量避免这种颠倒。

然而，颠倒作为一种思维方法，在现实生活和科学研究中有着不可低估的作用。许多难题是从反面突破的，许多发明也是通过颠倒已有的事物或者从已有事物的反面实现其创造目标的。例如吊扇，一支吊杆在上，扇在下。若它颠倒过来，就变吊杆在下，扇在上的落地"吊扇"。反置"吊扇"具有新特点：安装省事，利于维护，移动方便。还可与桌椅组合。夏天，在有空调的房间里，可使冷风对流通畅；冬天，可使房间顶部的热空气靠近地面的冷空气对流，节约电暖设备的电费支出。"吊杆"高度能随时调整。一种新产品——落地"吊扇"，就在这颠倒设想的摇篮里脱颖而出。

反面突破创造法的原理

任何事物都有其相反的方面。研究与其相反的原理、相反的方法、相反的公式、相反的结构、相反的过程、相反的现象、相反的工艺、相反的心理等具有创造性的意义。新事物也许就是与之相反的事物。爱迪生从"声音引起振动"颠倒思索"振动还原为声音"的创造，于是产生了发明留声机的设想；赫柏布斯把吹尘器的原理反过来，设计新的除尘装置，结果发明了吸尘器。同一事物在相反的条件下，或者相反的同一事物，会出现不同的现象或者产生不同的效果。把那些"原来一直如此"的事物颠倒过来思考的目的，是为了认识事物的相反方面，揭示不同的现象、获取不同的效果，从中发现新的原理、新的方法、新的工艺、新的结构，创造新的事物。这就是创造学中的逆向思考法，也叫反思法、倒转思考法或反面突破法。

逆向思考不能仅仅着眼于事物的某一方面，必须对事物各个方面和各个组成部分进行种种反思。尤其要反思那些人们不以为然的事物。从一成不变的地方和不易被人想到的地方进行逆向探索，创造性的火花往往出乎意外地在这里闪现。

例如，那种里外能穿的羽绒服、翻过来也能戴的帽子，就是在衣服和帽子上的一种逆向设计。其创造性的优点是一件衣服两种款式，一顶帽子两个样式。衣服、帽子容易颠倒设想和设计，那么，浆糊、拖鞋、算盘、手表能不能翻过来或者反过来使用呢？翻过来或者反过来使用时，有没有创造性和优越性呢？瓶中浆糊快到用完时，瓶底总有一些浆糊不好挤出，丢掉了怪可惜。逆向使用就是要从瓶底挤出浆糊，于是，发明设计了两端开口的浆糊瓶。这种两端能分别打开的瓶子，还是盛装果酱和芝麻酱之类的理想容器，其优点不言而喻。对于拖鞋，只需把拖鞋上的挂带由固定的做成活动的，就成了不分前后的拖鞋。它的创造性和优越性是两边都能穿。算盘和手表，或许现在就在你的身旁和手腕上，但你却想不到把它们也视作颠倒思考的对象，进行创造性的设想。结果，算盘颠倒用、手表可以两面翻着戴。这一点事先确实难以想象。事物在人们头脑中的形象越深刻，越持久，越固定，越不容易颠倒过来思考，但绝不是不能颠倒过来思考。只有经过颠倒思考，才能看到某一事物颠倒过来的意义和价值，也才能在颠倒的事物中找发明创造的新课题，找到排忧解难的好办法。

里外能穿的羽绒服、翻过来也能戴的帽子、不分前后的拖鞋、上下有口的瓶罐、倒过来也能用的算盘、两面都能戴的手表，还只是就这些物品的使用进行颠倒设计的创造成果，如果从它们的各个方面都展开逆向思考，将会有更多更好的收获。温度计、保温杯、倒退行走的钟、倒过来飞行的飞机、探地火箭、倒立式显微镜等等，这些流光溢彩的发明也都是逆向运用已有知识和已有技术创造的结晶。

反面突破创造法的应用要领

（1）设法颠倒已有的事物或从已有事物的反面实现其创造目的。

（2）把"原来一直如此"的事物颠倒过来思考，可以认识事物的相反方面，揭示不同的现象、获取不同的效果。从中发现新的原理、新的方法、新的工艺、新的结构，创造新的事物。

（3）有许多事物的反面已被开发，例如：顺计数与倒计数，你可以想一想已经开发的是否很完美，有没有缺陷，能否再改进。你也可以再考虑另外的一个事物的反面。

去反面看看

一位偏执的老国王想把王位传给他的两个儿子之一。他决定进行一场赛马，慢者将成为国王。这两个儿子都怕对方耍什么花招让自己的马跑得快，所以都去向一位智者求教。这位智者只用了两个词就告诉了他们如何保证比赛公平地进行。这两个词是什么？

把问题逆向看看是开阔你思路的一种很有用的技法。下面是应用这一技法的一个实例。避孕丸的发明者之一迪亚拉西在 20 世纪 50 年代曾是一家杀虫剂公司的老板。他自然很注意某些虫对社会健康和经济的不良影响。像许多科学家一样，他也很关心众多的杀虫剂对环境的破坏作用。他问自己："我怎样才能消灭害虫而不危害环境呢？"琢磨来琢磨去，他最后决定把着眼点放在"生育"上而不是放在死亡上。"假如我们不是去杀死害虫，而是在一开始就不让它们出生会怎么样呢？如果给它们用一些特制的激素来阻止这些害虫的性器官发育成熟，它们也就不会繁殖后代了。"这即是他所使用的办法，效果甚佳。

假如你是教师，你不妨这样思想："我怎么能够不把工作效率做得那么高？"这意味着学生必须对自己的学习负起更多的责任，这很可能会促进自学和自我规划能力的提高。

假如你正在设计一种太阳能电池。提出要把电池的效率提高30％，会把你的思维引向一个方向，而提出把无效率减少70％则可使你的思路活跃在众多的方向上。同样，在阐述医疗目标方面，着眼点从治疗向预防的转移改变了整个医学领域。

从反方向看看，你会看到通常正向所看不到的东西。这会大大地帮助你把思维从根深蒂固的框框中解脱出来。我们不妨试试看，写三段文章，描述你最近形成的一个观念。办法是这样：如果你是男子，就站在女士的立场上来写；假如你是女士，就从男子的角度来写。至少你要创造出一些令人感兴趣的阶梯。

7. 移植创造法

图书与水果的启示

书真的变成水果了吗？没有。那书籍当水果到底是怎么回事呢？让我们从头说起吧。

事情发生在加拿大卡尔加里市的一所大学里。有一次，学校图书馆的自来水设备出现故障，水溢得满地都是，致使许多珍贵的图书浸泡在积水中。事故发生之后，如何挽救被水泡湿的书籍，成了大家的议题。若采取一般的干燥方法，就等于毁掉这些珍品。除此之外，难道再没有别的办法了吗？大家都在思考着。其中有一位曾经做过罐头生产的图书管理员是这样想的：在制造罐头时，为排除水果中多余的水分，采用低温存放和真空干燥的手段。假如把这些湿透的图书当成"水果"，能不能在同样的条件下，既散发出湿书中的水分，又使图书完整无损？大家按照这个主意，先将湿书放进冰箱中冷冻，然后放入真空干燥箱中。经过五个昼夜，奇迹出现了，湿淋淋的书籍散尽了水分，这批珍贵的图书终于恢复了原貌。

由湿书想到水果，又由果品中水分的散发想到有待解决的问题。根据二者之间相似的关系，借鉴水果的低温存放和真空干燥来处理湿书，结果，创造出一种干燥湿书的好方法。这一创造过程不仅来自加工水果的启发，而且直接采用工厂加工水果的条件或方法。像这种把某一事物的原理、特性、方法、现象、结构等，用在另一事物上做出的发明创造，有人把它叫做移植创造法。

中国古代造纸技术的发明中，就已经运用了移植创造的思想方法。这就是不改变加工技术，只改变加工对象，将加工丝改成加工植物纤维，丝加工技术就成了最初的造纸技术。所以说，发明造纸技术的过程就是丝加工技术的转移的过程。

移植创造法的原理

纵观人类的发明成果，处处体现着移植创造的思想。例如，面包在烤制前掺好发泡剂，做出的面包才会发泡松软。那么，在橡胶制品上可否应用这一方法呢？在橡胶中也掺入发泡剂，果然发明了一种新产品——橡胶海绵。将合成树脂发泡的方法移植到肥皂、冰淇淋、混凝土、砖瓦、玻璃和铝板的制造中，出现了许多优秀的发明创造。诸如，能浮在水面上的肥皂，一举成名的雪糕冰淇淋，轻而坚固、绝热隔音的气泡混凝土和轻体砖瓦，还有气泡玻璃和泡沫铝等。为什么通过合理的移植能做出许多的发明创造呢？因为某一事物的原理、特性、方法、现象、结构等，可能在另外的事物上具有同样的意义，甚至具有更加重要的创造性意义。人们一旦认识到这一点，只要设法将某一事物的原理、特性、方法、现象、结构等移植过来，就能取得发明创造。

我们不妨回顾一下耐克牌运动鞋的发迹史，看看威廉·德尔曼发明这一风行世界的运动鞋的创造性思路。

1972 年的一天，美国俄勒岗州立大学体育教授威廉·德尔曼正在家里做饭。突然，他发现用传统的带有一排排小方块凹凸铁板压出来的饼，不但好吃，而且很有弹性。饼的这个特性，立刻引起德尔曼教授的联想：如果能仿照做饼的方法，把烤过的橡胶放上去压，然后钉在鞋子下面，结果会怎样呢？德尔曼教授很快就进行了试验。当他把压出来的橡胶钉到他太太的鞋底上时，太太走起路来感到非常舒服。接着，德尔曼教授把这个新设计运用到运动鞋的改造上。不久，一种富有弹性且又能防潮的运动鞋宣告诞生，这就是耐克牌运动鞋。耐克公司以这种鞋为"拳头产品"销往到世界各地，财源滚滚地流向耐克公司。经过数十年的发展，耐克公司成为美国最大的运动鞋制造厂。产生这么了不起的经济效益，确实令人羡慕。

因此，在某个领域或行业人们不以为然或认为是微不足道的事物，有时移植到另一个领域或行业将会成为崭新的事物。以火车和绞肉机为例，美国军方移植列车的结构，设计出机动性很强的核弹头导弹运载发射车，俄罗斯移植普通绞肉机的工作原理，发明了制造长度无限的制品的有效方法。

移植创造法的应用要领

（1）设想把某一事物的原理、特性、方法、现象、结构等，用在另一事物上产生发明创造。

（2）某一事物的原理、特性、方法、现象、结构等，在另一事物上的应用可以产生新的意义。所以，你应对某一事物的原理、特性、方法、现象、结构等感兴趣，了解它，掌握它。然后大胆地把它应用到另外的事物中去，如果不可行，你可以再找一个事物去试一试，直到产生一个具有新的意义的事物，就产生了发明。

转变描述方式

假设你是一家制造公司的销售经理。公司总裁打电话给你，说公司的库存系统不知怎么搞乱了，还有价值100万元公司并不需要的滚珠存在库里，又不能退给供货商。你的任务是想想如何使用这些滚珠，一个个用或组合起来用都行。你的设想是什么？花一分钟时间考虑一下，然后把你想到的都列出来。

下面是一些可能性：

用来作水平仪；

用来作放置在公共场所的"豆粒袋坐椅"。（状似大枕头，内盛硬质泡沫塑料小袋。人坐上后摇晃几下，就会成为与人体坐姿相吻合的形状）因为很重，所以不易被偷走。

用来作为机器人吃的鱼子酱（当你家的机器人有客人来访时）；

用来制作铁沙袋，供运动员作负重训练；

拴在不平整的帘子底边上作帘坠；

用在新潮青年的摇滚音乐会上，作为抛撒的五彩纸屑；

用来做首饰，如耳环、手镯和项链；

用来摸彩，放在坛子里，看谁能猜中里面放了多少。

关键的问题是，一个设想或一种东西的意义和用途取决于怎样来描述它、看待它。例如，不把滚珠看成是一种用来减少摩擦的物体，而将其描述成一种"有光泽的漂亮的小东西"，便会使你产生用它来作为各种各样的首饰珠宝和艺术品的联想；而强调它的质量特征又使我们得到应用其"重量"的设想，如用作帘坠子和船的压载物。

改变描述方式是开发你所拥有资源的重要方法。例如，你现在手里拿着的笔，从一个角度看，它是一件书写工具，若从其他角度来描述，它是一件武器、一根教鞭，和一只门销。

只要着重强调一样东西的不同组成部分，并允许自由地改变描述方式，人们就会产生新的联想。

下面是一个罗马数字7，加上一笔，把它为成8。

VII

这很容易，你所要作的不过是在右边加上一条竖线，就造出一个"8"——Ⅷ。你还想要看一些更富于挑战性的问题吗？

下面是另一个罗马数字9，加上一笔把它变成6。

Ⅸ

有些人在中间画上一条横线，再把它倒过来，然后遮住下半部，这就构成了数字Ⅵ。更富于艺术性的一个解决办法是在前面加上一个S，于是Ⅸ就变成了6——six。我们所做的只是把Ⅸ从罗马数字这样一种描述关系中拿出来，放到英文拼写的数词这一描述情景中去。妨碍一些人去这样思考问题的主要原因是由于所给出的三个例子都是罗马数字——Ⅶ、Ⅷ和Ⅸ，他们的思维都禁锢在罗马数字的框框中去了。

给你的提示之一是：去寻找第二个正确答案。你能想出一种办法将Ⅸ加上一笔，使它成为6吗？

Ⅸ

这一办法可以是在Ⅸ后面加上6，这样就得到1X6，即1乘6，此时X不再是罗马数字，或者是英文字母X，而是代表乘号。人人都有很多知识，思考它们时把描述方式转变一下，这样你就会发现新的设想。

8. 音乐创造法

音乐化产品的启示

优美的乐曲不但能使人解除疲劳、消除烦恼、振奋精神，给人以美的享受，更重要的是它能陶冶人的情操、美化人的心灵，给人以进取的力量和创造的智慧，激励人们以更加饱满的热情投入美好的生活之中。那么，歌声乐曲同发明创造有什么关系呢？音乐分声乐和器乐。声乐是用人的声音结合语词作为表现手段，这就是歌唱艺术；器乐则是由物质发出的音响构成的，唢呐、锣鼓、电子琴属于技术创造。技术创造的成果就是发明与革新，各种乐器的发明与革新推动着音乐艺术的繁荣与进步。

提到歌声乐曲，大家自然会想到歌坛明星，想到现代乐器也会想到舞厅、想到电唱机，在没有舞厅、电唱机的年代，能从音乐想到舞厅，想到唱机，是难能可贵的创造性思想。我们今天能够在华丽的舞厅尽情欢乐，能够随时收听微型太阳能电唱机播出的流行歌曲，都归功于昨天的创造。今天的事物是昨天创造的，明天的事物也应该在今天创造，没有今天的创造就没有更加美好的明天。围绕歌声乐曲，创造什么新事物呢？

大家一定会说："创造新的乐器、创造新的音响设备、创造新的音乐活动。"这当然没错。但是，你能不能想得远一点，想得广一些，从其他事物上找到创造的开端呢？比如，你能从音乐想到皮球，孕育出音乐皮球的创造性思想吗？你能从音乐想到养鸡，从音乐想到万千事物，在创造性思想的过程中设计出带有音乐功能的新事物，这就是发明创造中的音乐化构思设计。

创造性的事物是史无前例的，但是，史无前例的事物不都是彻头彻尾的新事物。已有的事物只要增加新的功能，就会以新事物的面貌出现。在普普通通的皮球内装上集成电路、冲击反应传感元件、小型扬声器和电池，就发明了音乐皮球，皮球上设有两个孔眼，一个充气孔，一个充电孔。只要一拍球，球便在蹦蹦跳跳中奏出一首又一首美妙的旋律。现代生物学家研究发现，音乐可以影响动物的生活及行为的变化。例如，乳牛听音乐能增加产奶量；军马因常听雄壮的进行曲而格外有精神；怀孕母猪每天听音乐，就会在白天分娩。那么，母鸡听音乐会怎么样呢？实验证实，在鸡场里天天播放音乐，可以提高产蛋率，甚至到了夏天也照常下蛋。于是，又创造了音乐养鸡法。在各种各样的事物上尝试着加上音乐，这就是音乐化构思设计的创造性宗旨。

音乐创造法的原理

音乐化构思设计的对象分两大类：一类是产品，另一类是方法。下面罗列了一些音乐化的产品和音乐化的方法，启迪大家进行新的发明创造。

音乐化的产品有音乐茶杯、音乐伞、音乐热水瓶、音乐门铃、音乐摇篮、音乐圆珠笔、音乐黑板、音乐蛋粒、音乐枕头、音乐手杖、音乐鞋、音乐雕塑、音乐轮胎、音乐积木、音乐照相机、音乐锁、音乐缝纫机、音乐楼梯、音乐纽扣、音乐储蓄罐、音乐蜡烛、音乐围巾、音乐建筑物、音乐电话（以音乐声代替铃声）、音乐酒具、音乐床、音乐牙刷、音乐贺年片、音乐书、音乐手套、音乐花盆、音乐台灯、音乐钟表、音乐健身球、音乐旅行镜、音乐理发梳、音乐邮票，等等。

音乐化的方法有音乐医疗法、音乐胎教、电话音乐（电话系统专门设有音乐号码、假设号码是 *123456*，那么，你只要拨这个号码，随时都可从电话中欣赏新歌名曲，当有人跟您通话时，歌声乐曲自然停止）、音乐养殖法、音乐除虫法、音乐教学法、音乐思考法、音乐驱鼠法、音乐侦察法、音乐游戏、音乐捕鱼法等。

以各种事物做载体，提供悦耳动听的歌声乐曲，使人心情舒畅。

例如，以手套做音乐的载体，在手套的手背部夹层中设置二个超薄型印刷电路板，其中包括发音片、水银电池、振荡集成电路等，手套各手指部均设有导电橡胶开关。戴上这种手套，用手指按压实物就会发出乐声，而且具有不同音阶，可随时在物体上敲奏出各种旋律。

通过音乐代替某种信号或配合别的信号，传递某种信息或特定的指令。

例如，钟表报时、广告宣传、压力升降、传递暗语、接近临界线、超过额定负荷等，都可利用某种特定音乐声告诉人们。像美国的可口可乐广告瓶，你一打开瓶盖，瓶中就传出阵阵悠扬动听的音乐，可口可乐的形象使你难以忘怀。

例如，许多国家在 20 世纪 50 年代就开始应用音乐治病，如今，音乐疗法配合电疗、氧气疗法、针刺疗法等，可医治神经官能症、心理失常、急性腰肌扭伤、落枕、坐骨神经痛等疾病，甚至以音乐代替麻醉剂。专家们研究发现，在幼儿期就开始听音乐的孩子，其容貌或神态会出明显变化，也就是说，音乐可以改变孩子的容貌。

借助音乐调节人的心理，以达到预期目的。

例如，商店播放慢节奏的音乐，能使顾客消除紧张，心情愉快，放慢脚步细心选购商品，从而使营业额提高。餐厅饭馆播放快节奏音乐，能使顾客不知不觉地加快用餐，从而增大客流量和营业额。战场上，交战双方大放对方国家的"思乡曲"，可以瓦解对方的战斗意志。中国古代就把乐曲当作攻心战术使用，"四面楚歌"这一成语典故就是一个范例。

将噪音改变成乐音。

例如，使机器发出的杂乱刺耳的噪声变成易于被人们接受的乐音，使一串鞭炮爆响成为一曲音乐等。

"尺有所短，寸有所长"，任何事物皆是这样。不是所有的事物都应该音乐化。其中需要音乐化的事物也不一定都能实现音乐化。如果一切事物都应该音乐化，也都能实现音乐化，那么，音乐化构思设计的创造性也就失去了。正因为有的事物应该音乐化，有的事物没必要音乐化；在应该音乐化的事物中，有的能够实现音乐化，有的难以实现音乐化，有的不能实现音乐化；在需要而且能够实现音乐化的事实中，还应考虑什么音乐效果好，所以音乐化构思设计才成了一种创造的方法。

例如，科学家在进行"植物对音乐反应"的试验中发现，南瓜偏爱箫声，番茄喜欢浪漫的音乐，橡胶树爱听风琴奏的音乐，葡萄则对超声波特别敏感。对尖刺的音乐，多数植物有反应，特别强时，还可导致植物枯萎和死亡。不同的植物喜欢不同的音乐，植物只有听到它喜欢的音乐才能增加产量或改善果实的品质。印度曾对水稻播放一种叫"拉加"的乐曲，结果，水稻增产 $25\% \sim 60\%$ 。

音乐启迪着人们去创造，创造开辟着音乐的新天地。创造离不开选择，选择目标、选择原理、选择结构、选择数据、选择材料、选择方案、选择结果，在反复的选择中寻求正确的创造方向，找出科学的创造依据，设计出可行的创造方案，让音乐在更多的事物中发挥出独特的作用。

音乐创造法的应用要领

（1）设法把乐器、音响、音乐与其他事物相联系，例如：从音乐想到养鸡、从音乐想到皮球、从音乐想到 10 个、50 个事物。试一试，看能不能产生带音乐功能的新事物。

（2）音乐创造法分两大类，一是音乐化的产品，二是音乐化的方法。就是设法以各种事物做载体，把它们音乐化。如果音乐化的结果产生了新事物，就产生了发明。

推销你的设想

几年前《华尔街》杂志上出现了下面这样一则广告：

紧张综合症

有件事情正发生在办公室里、工厂里、饭馆里、医院里、银行里和超级市场中。这就是紧张，它在一定程度上是由各种各样的噪音所造成的，从打字到谈话。

研究表明，紧张使人衰弱和妨碍能力的发挥，使我们脆弱。你可以想办法对付这一紧张综合症。

这个广告接下去告诉人们怎样才能解决这一问题。你能猜出他们推销的产品是什么吗？

许多设想需要其他人的时间，资源和献身的投资。你应该这样想："我的设想中有什么地方能吸引人们的兴趣，什么地方能使该设想有销路？"

你像一个推销员那样思考过吗？你最好如此去做。生活在一个市场经济中要求你不断地推销设想，向你的上级、你的同事、你的爱人。如果你不能推销你的设想，你的麻烦就来了。我见过很多人，他们都有很不错的设想，但从来也没有实施。因为他们没能把它宣传出去，让人们接受。实际上，设法推销你的设想就像当初激发设想一样需要创造力。

自己推销自己的设想的最佳方式不是强调设想或产品本身，而是强调通过推销"产品的产品"，你就会用你未来的买主所了解和懂得的方式去描述它。下面有几个例子，在 20 世纪 60 年代初期，一个五金制造公司向市场推出了一套新的钻孔设备。他们设计得相当不错，但投入市场后，却无人问津。这家公司决定作点市场调查，结果发现大多数的潜在买主所考虑的不是"钻头"而是孔，即"产品的产品"。他们重新改变了产品的形象，强调了这些设备"创造孔"的神奇力量。另一个例子是莱夫森，他是化妆品公司的创始人。70 年代初，在一次鸡尾酒会上，一位女士问他：他的产品是什么。莱夫森回答说："尊敬的女士，在工厂的地板上，我们的产品是化妆品，但在商店里，我们的产品是'希望'"。

你是怎样作"紧张综合症"这一练习的？你认为这种产品是什么？噪音较小的办公用机器？吸音天花板？背景音响发生器（能发出微弱的音乐用以抵消噪音）？消除紧张的咨询顾问？一家旅行社？药品公司？这些猜测都很好。但这份广告却是由莫扎特背景音乐公司赞助的。这个广告接下去是这样：

> 有了莫扎特，你就会创造出一种舒适的环境，它会消除单调，使人们消除疲劳，对饮食更有胃口，并能帮助集中注意力。

用一句话来说，莫扎特保证使人们更为多产。这是一种精明的销售策略。有些人一想到莫扎特时，把它归入像塑料花和接电话中请对方稍候片刻时放的音乐之列。通过强调产品的产品，莫扎特公司已使自己处于专营"消除紧张和疲倦"这一业务的有利位置上去了。

关于推销产品的产品的另一要点是产品的产品有很多。对家庭主妇谈这方面事情时是一回事，对一个工程师谈就不同了，对一个农民谈则更不一样了。

想一想如何推销你的产品，你的产品的产品是什么？它能为其他人创造出什么机会？

9. 突破原型创造法

椅子发明的启示

远古时代没有椅子，人们席地而坐。中国汉末，北方少数民族发明了一种可以折叠的"胡床"，这就算椅子的前身。到了中国唐代，发明了交椅。中国南宋时，又发明了太师椅。椅子在人类的创造中不断地变化着。现在，各种造型、各种材料、各种功能的椅子层出不穷，令人眼花缭乱，如小巧轻便的安乐椅、会"唱歌"的音乐椅、带有按摩器的按摩椅、百人同坐的巨型椅、根据妇女临盆形状设计的助产椅、听话的声控轮椅、浮在水面上的救生椅，等等。这些形形色色的椅子都是通过造型上的变化、材料上的更新以及移植、组合或者附加别的东西进行发明创造的。尽管这些椅子以新的形象、新的功能出现，然而都是在一个共同的原型上创造的。那么，能否创造出"不像椅子的椅子"即脱离同一原型的椅子呢？请看一种"能坐的衣服"、"能穿的椅子"，它采用极轻质的材料制成，紧贴在裤子上，穿上它方便极了，需要坐下时只要把椅架从裤子上放下支起就能歇息。裤子就是椅座，上衣就是靠背。不用时，将支撑椅架收起来卷进裤腰中即可。裤子当椅座、上衣做靠背、穿在身上使用，这完全不同于世代相传的椅子原型。这种不沿袭已有事物的原型进行创造的方法叫做突破原型创造法。

人类的创造，一是原型上的除旧布新，二是突破原型的创造。例如折叠式缝纫机、能发出音乐的缝纫机、袖珍缝纫机、电动缝纫机等都属于原型上的创造。超声波熔接缝纫就是突破原型的创造。当剪裁好的衣料进入超声波缝纫机的机头和牙轮时，机器产生的超声波在两块衣料间振动，摩擦热以极高的速度将它们熔接在一起，熔接处平整光滑，比线缝制的更美观、更牢固。应用超声波缝纫这一新技术，突破了将近四百年历史的针——线——机械缝纫的原型。事物的原型在人们的意识中根深蒂固，很不容易动摇，因而变革原型相当困难。但是，原型一经变革成功就会创造出全然不同的新事物，常常引起该类事物的革命性跟进。所以，突破原型是一种创造最强、难度最大的创造。

突破原型创造法的原理

突破原型的目的不是创造别的事物，而是创造不同原型的同类事物。什么是不同原型的同类事物呢？例如，包扎伤口或患处一直用纱布做绷带。假如创造出不同纱布包扎伤口患处的新方法或新东西，这就是不同原型的同类事物。美国埃默里大学研制出一种"水性绷带"，这种水性绷带由两层很薄的塑料含有一个水分夹心层构成。其作用原理是由活动的水通过两层膜渗透保持伤口湿润，并且可以从伤口深处吸出过量的水分。水性绷带的优点是：能比较容易地去掉伤口的坏死组织；可减小伤口的范围；促进伤口愈合和新组织生长；减轻伤口疼痛。俄罗斯则从树木中提取某种有效成分，制成能取代纱布绷带的一种以蛋白和多糖为主要成分的膏状体。在创口处薄薄地涂一层，即可形成薄膜，这种涂层绷带的透气性能极好，并可阻止细菌进入创口。这两种绷带克服了纱布绷带限制包扎部位活动，妨碍透气和血液循环、需要经常拆换以及不便观察愈合情况等缺点。水性绷带、涂层绷带就是与纱布绷带不同原型的同类的事物。

突破原型是对某种事物的重新创造。只有从根本上改变某种事物的原理或结构、形式或内容、材料或成分，才能做出这种创造。比如传统的手工剪刀，不论裁铁皮的剪刀，或是理发的牙剪，都没有改变2400多年前的剪刀的基本结构。美国设计的一种手工圆剪刀突破了长剪刀的结构，具有革命性意义。这种圆剪刀不仅比传统的剪刀更好使用，而且安全可靠，左右手均可使用，用途广泛。再看那制造镜子的材料，古时候的石镜是用石料磨出来的；铜镜、银镜是用铜和银铸造后磨制的；近代、现代和当代的玻璃镜和塑料镜，是用玻璃和塑料制作的。但是，这些镜子全是固体镜，现在，已经有一种用水和油或者用水和水银制成的液体镜。再如风力管道传送邮件、平面荧光屏、不结雾的挡风玻璃、显影不需暗室的底片、可以拿在病人手上的静脉注射器、永洁不洗的衣服、能显示体温或血压的胶布等等，都是突破原型的创造。

突破原型创造法的应用要领

（1）试图改变事物的原型，从根本上改变某种事物的原理、结构、形式、内容、材料、成分，从而达到对某种事物的重新创造，创造出不同原型的同类事物。

（2）设想用另一种方法完成同样的功能，一旦使原型变革成功就会创造出截然不同的新事物。

利用现有的资源

有时最有帮助的设想就在你眼前，正如著名的探险家拉夫所说的："只有最愚蠢的老鼠才会藏在猫的耳朵里，但是只有最聪明的猫才会想起看看那里。"

有个典型的例子可说明人们错失明显之处。如果你研究一下 19 世纪 60 年代和 70 年代的自行车演变发展的过程，你便会注意到两个轮子开始基本上是同样大小，但随着时间流逝，前轮变得越来越大，而后轮变得出奇的小。原因是那时车蹬是直接与前轮连在一起的。因为那时没有传动链条（没有人想到过它），让自行车跑得快的惟一办法是把前轮做得越来越大。这一趋势的最终结果是给这种大小轮自行车装上一个直径达 1.5 米的大前轮。可想而知，它们并不是很安全的。

整个发展过程最稀奇的事是制造一种更好、更安全的自行车，办法就摆在发明者们的面前。他们自己制造的自行车就应用了链传动工艺！最后，有人一抬头发现了这一明显的联系。他问道："为何不用链条带动后轮呢?"H. J. 劳森第一个造出了这种式样的自行车。仅仅几年，这种安全的自行车便取代了"大小轮"自行车。

问问你自己：我面前有什么资源?

10. 色彩创造法

色彩的启示

大自然是多彩的，人类的创造也是多彩的。你看，衣裙鞋帽、亭台楼阁、家用电器、糖果点心、船舶车辆、文化用品，无一不披彩挂色。丰富的色彩为我们的生活增添了无穷的美妙。然而，人们不仅仅欣赏和利用色彩的特殊装饰作用和各种装饰功能，发明新的事物。例如交通信号灯的发明就是这样。世界上第一个交通信号灯用的是红色和绿色，红色示意"停止"，绿色示意"通行"。过了半个世纪，直到1918 年才创造出今天的红、绿、黄三色信号灯，用红色、绿色和黄色代表不同的语言指挥交通，色彩的功能就是非装饰性功能。

　　利用颜色发明创造新事物，一要研究色彩的成因和原理；二要研究光和色的特点和关系；三是研究色彩同各种事物的功能性关系。比如在白水泥中加入氧化铬，就成了绿水泥；加进铬酸铅就变成黄水泥；加进氧化钒又成红水泥；加进硫化锡，水泥变成了金色。如果在水泥中加入二氧化钴，水泥就会随着温度变色，使用这种水泥的建筑物，晴天是蓝色的，阴天是紫色的，"山雨欲来风满楼"时变成深紫色，下雨时呈现出玫瑰红色。变色水泥的这种性能叫湿敏变色。许多化学物质还具有光敏变色特性和热敏变色特性。人们利用这些变色特性，发明了变色玻璃、变色涂料、变色纤维。在这些发明创造的基础上，又做出了更多的发明，如变色眼镜、变色窗帘、变色出入证、变色陶瓷、变色衣衫、变色铅笔、变色手帕、变色领带、变色书、变色商标、变色包装材料等等。有的不仅可以变色，而且连图案花纹都在变化。

　　美国有一种变色游泳衣，下水前是单色的，湿水后即出现了花花绿绿的图形。日本发明的能显示一年四季特征的玻璃水杯，看外形与普通水杯一样，每四个组成一套。当你注入冰冷饮料时，它们会发生"季节的变化"，春杯上显示出正在长嫩叶的树；夏杯上的树叶茂盛；而秋杯的树呈现一片萧瑟景色；冬杯上的树则覆盖着皑皑白雪。

　　专门为婴幼儿发明的形如牙刷把的变色体温计，只要在口中含一分钟，取出后可以方便地读出体温数据，用酒精一擦就迅速恢复原色。别看它如此神奇，实际上原理也很简单，那就是在塑料上压制 50 个微小的凹坑，每个坑内涂上敏感点不同的热敏变色材料就成了。异辛锚醇酯能随温度变化而改变颜色，俄罗斯发明的那种诊断疾病的彩色温谱图，就是由一块薄塑料片注以黑漆和异辛锚醇酯制成的。将温谱图放在腹部，根据颜色随体温的变化，能及时地诊断一些易误诊的疾病，如急性阑尾炎、胰腺炎等，并可准确地测出患病部位和范围。美国的马克特耐尔公司推出的那种会变色的饮料吸管，也是利用一种热敏材料做出的发明设计。

若通过色彩进行发明创造，不但要研究变色材料，设计变色产品，更多的是要把色彩同各种事物联系起来思考，发现色彩的新功能，利用颜色解决问题，让色彩在更多的方面发挥作用。例如，不同颜色的光对植物的生长、发育有明显的影响：红色光照射下的植物，有机物合成加速，作物成熟早、产量高，如果是香瓜还特别甜，维生素 C 丰富；蓝色光照射下的作物，体内蛋白质含量明显增加，小麦等品质变优，花朵分外鲜艳；银色光尤其利于蔬菜的生长，因为危害蔬菜的蚜虫惧银色，而银色对蚜虫有迷向作用。于是，人们发明了有色塑料薄膜覆盖农田的方法。再如火车站，怎样才能让旅客一眼看出哪是快车、哪是慢车呢？德国将旅客火车的外壳涂成同一颜色，普通客车涂条状的红色和粉红色，快车涂深蓝色和浅蓝色，地区性客车涂两种不同的天蓝色，郊区客车涂橙、黄两色。这样，旅客只要一看见火车的颜色，便知是何种类型的列车。

颜色还可像药物一样治疗多种疾病。已经发明的颜色治疗仪，能将各种颜色变成电磁波，经过放大输入人体，人体吸收了这种色素电磁波，病变部位就会逐渐痊愈。在军事上，利用色彩构图创造了迷彩伪装。

色彩还能帮助你揭开大自然的秘密。人们最初用显微镜观察细菌时，由于细菌是无色透明，像雾里看花很难认清它的真面目。19 世纪，德国的柯赫出奇地想到：给细菌染层颜色就容易识别它了。经过多次实验与失败，柯赫找到一种苯胺染料，细菌穿着这件牢不褪色的"蓝装"，第一次在显微镜下向人类展现出清晰的"身体"，"细菌染色法"终于发明了。有趣的是法国警方为对付那些不听从警察指挥停下来的汽车，别出心裁地设计出一种"颜料枪"。枪膛内装着不脱色的颜料，遇到违反交通规则并绝尘遁去的汽车，瞄准击发，颜料射在车身上洗刷不掉，车主也就无法匿迹。

色彩创造法的原理

生活离不开色彩，正如印度诗人泰戈尔所说："美的东西都是彩色的。"人们利用色彩不断地做出发明创造，使生活的色彩更浓、更美。当你看到食用冰一直是无色透明的老面孔时，是否想到发明彩色食用冰，能否找到创造的途径？其实这个发明并不难，只要在饮用水中加入适量色素，放进装有若干通气管的冰罐里，管内冒出的气泡就会不断地对水进行搅拌，饮用水即在不断地搅拌中被结成彩色食用冰。

强烈的光亮会使牛奶风味变差，所含维生素 B_2 损失导致牛奶营养价值降低。你知道吗？这个问题也能用色彩来解决。只要把奶瓶换成深黄色的就行了。大家想在公共场所交结志趣相投的朋友，但苦于无法联系，那么，也可借助颜色。可以设想把别针设计成各种颜色，红色表示找音乐爱好者，绿色表示找棋友，蓝色表示找服装设计的同行，你按自己的意愿并按标示牌佩戴相应的一枚别针就可以了。在企业管理上，颜色也起了作用，这就是"颜色管理法"的发明。颜色管理由三个方面组成，即颜色优劣法、颜色鉴别法和颜色心理法。

人类还将按照自己的需要改变和控制大自然的色彩。如今，蓝色玉米、红色香蕉、紫色卷心菜、乳白色条纹的茄子、彩色棉花等都已培育出来。10 多年前，中国的水稻育种专家，根据当地的地理条件，适应调整了肥料中的元素，培育出罕见的五彩稻。由于五彩稻所含营养成分的不同，可以治疗人体因缺少某种元素而引起的疾病。俄罗斯畜牧学家发现，给羊喂食不同的微量元素可以改变绵羊的毛色。给绵羊吃铜元素后，它的毛色会变成天蓝色，吃铁元素后，它的毛色呈现淡红色，他们培养的彩色绵羊已成群出现在草原上。据统计，全世界已育成彩色绵羊百余种，颜色有金黄、雪青、蔚蓝、琥珀等色彩，这些羊毛无须染色，即可纺线编织。美国科学家用南美洲的一种专产彩壳蛋的鸡，蛋壳有红、蓝、青、绿、粉红、墨绿等各种颜色。彩色珍珠、彩色兔也都已培育成功。人类将用更绮丽的色彩来描绘大自然的本色。

任何事物的功能、意义和作用都不是惟一的、不变的，颜色的功能、意义和作用不光是供人观赏。当你欣赏璀璨秀色的时候，请用创造的眼光审视美丽的外表，看到颜色的更多功能、意义和作用，把它同各种各样的事物联系到一起思考，才能利用颜色做出绚丽多彩的发明创造。

色彩创造法的应用要领

（1）要知道和掌握色彩的成因和原理，光和色的特点及关系，色彩同各种事物的功能性关系。

（2）充分利用色彩的特性在某种事物上应用。

（3）不断地把色彩同各种事物联系起来思考，发现色彩的新功能，利用颜色解决问题，让色彩在更多的方面发挥作用。

颜色的禁区

假设你正处于一场战争之中，两支军队在打仗，一方是"红"军，另一方是"白"军。仅就颜色来联想，你支持哪一方？这一问题出现在俄国的国内战争中。在冲突伊始，白军占有物质上的优势，但最后他们却失败了。他们的失败有很多原因，但就颜色来联想，俄国人认为"红"是美，与春天盛开的罂粟花、"生命的复兴"有同等的意义；而白则带来"冷"、"雪"、"流放到西伯利亚"的其他一些消极的情感。

有时，我们把假设灌输进自己的思维太深了，以致于意识不到它们正在指挥着我们的判断和评价。许多根深蒂固的假设来源于我们的文化背景。文化背景的类型很多，有司机的文化背景，经营管理干部的文化背景，跑步者的文化背景，和三年级小学生的文化背景等等。一种文化背景中不言自明的东西对另一种文化可能会是陌生的。

认识文化背景是怎样地影响着我们思维的一种方法是离开这种背景。例如几年前住在德国时，欧克博士在汉堡参加过一次新年晚会。真是个快乐的夜晚，好酒、美食、温文尔雅的宾客。大约在10点半左右，有人端出一大盆爆玉米花。欧克博士暗想："好极了，我有6个月没吃着爆米花了。"欧克博士伸出手去，抓了一大把塞进嘴里，天哪！欧克博士吃了一惊，有人竟在爆米花里放了糖，而他认为理所当然应该是咸的。后来他才知道，在北欧的一些地区，爆米花里放糖是当地的习惯。

就文化背景的判别会造成人们的迷惑和误解这方面，一个例子是心理学家瓦茨拉威克对第二次世界大战期间美军士兵与英国姑娘约会所发生事情的描述。问题：男女双方都指责对方太放肆。原因是什么呢？回答：文化差异所造成的误解。人类学家说，每种文化都有其一定的求婚步骤，从第一眼相见到婚姻关系的完成约有30步。有趣的是每种文化的步骤都不一样。按北美的习俗，接吻是第5步——这是开始两人关系的一种友好的方式。而在二次世界大战前的英国，这却是第25步——接吻被视为一种高度亲密的行为。现在想象一下一个美国士兵和一位英国姑娘在一起时会出现什么情形。他们约会并出去了一两次，这时这个士兵会想："我吻她一下，把我们的关系再推进一步。"于是他吻了她一下。而姑娘却惊呆了，她想："这是要到第25步才该发生的呀！"而且，她感到她受哄骗而跨越了礼貌交往过程的20步，现在她必须要决定或者由于走得太快太远而中断他们的关系，或者准备与他同居，因为这只有5步远了。从士兵的角度看，情形同样令人迷惑不解，她的行为像癔病患者或像一个荡妇。

做这些练习，讲这些故事的目的，为了阐明一个观点：即生活是一场比赛，每种文化都有其不同的规则，盲目地去遵循这些规则会造成你作出低质量的决策。在发明创造领域同样如此，例如颜色，在中国红色传统上代表吉祥喜庆，而在西方的一些国家和地区却意味着凶灾和磨难。

11. 微缩创造法

微型化的启示

事物总是有大有小的，大到无穷大，小到无穷小。事物的大小表现在各个方面，有形状的大小、面积的大小、距离的大小、数量的大小、容量的大小、重量的大小、力度的大小、强度的大小，等等。

如果你以为起源于罗马时代的滑轮起重机，发展到今天都成了摩天巨人，那就错了。起重机在朝着大型、重型的方向发展的同时也朝着小型、微型的方向发展。德国发明的微型起重滑车，自重仅 2 千克，只需 5 千克的拉力就能吊重 100 千克。除一般的起重外，尤其适宜家庭使用，由楼上向下或由楼下向上吊运重物十分方便，遇到意外险情还可以用来自救。

最初发明的收音机、录音机、电视机、录像机、电子计算机都称得上庞然大物。随着科学技术的进步，它们越变越巧、越来越小。调频收音机只有图钉那么大，除天线和扬声器外，其余零件全部包容在一块精巧的集成电路上，图钉收音机可以装在怀表里或钢笔上，也可像耳环那样戴在妇女的耳朵上；录音机小如一只手表，戴在手腕上可随时录音，而且具有手表的功能；世界上最小的黑白电视机宛如一粒纽扣，银幕尺寸仅有 7.9mm×5.8mm，小巧玲珑，图像清晰；微型电子摄像机安装在一副眼镜里，眼镜与肩夸的小型录像装置接通电源，每盘微型录像带可以连续录制两小时；各种用途的微型电脑，有的薄如纸片，有的小于一粒胶囊药丸，可以吞进肚里到体内检查病情。事物总是在创造中发展，在发展中创造的。从小到大是事物发展的一面，从大到小是事物发展的另一面。如果不改变某一事物的基本功能，而只是缩小它的空间占有量，这种发明创造的思路叫做微缩创造法。

微缩创造法的原理

在微缩创新的过程中，有的不改变已有事物的原理或基本结构就能实现微缩并保持它的基本功能。例如，把风筝缩小到 40mm 长，25mm 宽，照样能飞上天空。有的必须彻底改变它的原理或基本结构，才能达到微缩的目的。倘若没有集成电路、大规模集成电路和超大规模集成电路的发明，要微缩晶体管电脑是不可能的。许多事物的微缩化并不是高难度的创造，而是人们不晓得哪些事物应该微缩，以及怎样微缩才是科学的和可行的。当你长途旅行时，衣服难免揉弄出折皱，显得没精打采，携带一只熨斗又很不方便。你就应该想一想熨斗的微缩。熨斗可以微缩到一盒香烟的体积，净重不超过 1 千克。有了它，你可以长时间的旅途中保持衣冠整齐。再如，弹簧拉力器是用来锻炼手、臂、足等部位的肌肉的，把它缩小到 50mm 左右，即成为锻炼手指的手指拉力器，装在衣服里，随时可以拿出来锻炼。类似这样的微缩创新，难道你想不到吗？

人们需要的不是事物对空间的占有量，而是它的功能。只要功能存在，微缩是大有可为的创造领域。阳春三月是孵鸡雏的季节。千百年来，发明创造者创造什么孵化装置只是不同的手段。只要能够孵化，方法越简单越好，相应的孵化装置越小越妙。于是，发明了袖珍孵化器，大小如同一个扁圆形糖果盒，可容纳 20 个鸡蛋，孵化中能严格保持所需温度，并且设有水分蒸发器，以保证必需的湿度。为了使卵受热均匀，还能不断地变换鸡蛋的位置。这种袖珍孵化器不但适合家庭养禽业的需要，还被用在胚胎研究和教学中。某些事物虽然功能很强，由于结构庞大，反而限制了使用范围，微缩可以弥补美中不足。例如，山区的农田零星分布在七零八落处，且不说中型拖拉机，连小型拖拉机也派不上用场。由此可以想到，拖拉机也需要微缩。保加利亚专为农民设计的微型拖拉机，小得令人难以置信。净重才60千克，放在自行车的后架上就能带走。微型拖拉机使用一台小马达，配有一副耙和一个中耕机，可以进行多项作业。

微缩技术有深有浅。有些事物只有应用新技术、新工艺、新材料，直到采用最新科技成就方能实现微缩创造，拇指那么大的录音带，微缩空调的袖珍调温器，比一块香皂还小的超小型复印机，总重量10千克的微型直升飞机。但是，大多数事物的微缩并不需要深奥的学问。比如微型订书机，全长不过35mm，重22克，体积比指甲剪还要小，使功能仍同普通型号的订书钉。再如比打火机稍大一点儿的微型喷灯、与茶杯高低差不多的袖珍水泵、体积相当于一台洗衣机的小型废纸回收处理机、不足10千克的微型管道疏通机、火柴盒大小的电风扇等，只要创造性地利用现有的技术、工艺和材料制作，就能达到微缩创新的目的。

一台机器可以微缩，那么，能否微缩一个车间、微缩一座工厂、微缩一群建筑呢？例如水电站，有雄伟的拦洪坝、巨大的发电机组、复杂的仪器仪表。然而，俄罗斯科技人员经过微缩设计，发明了一种能装在背包里的"水电站"。虽然"水电站"的功率只有300～500瓦，但它仍能发出50Hz、380V的标准三相交流电，每度电的成本只有汽油发电机的1/700。微型水电站的发明不仅为地质学家、勘探队和野外旅行者提供了工作和生活的方便，更重要的是人们从这一创造中看到了车间微缩化、工厂微缩化的曙光。当今世界，人口激增、工厂林立、森林草原和耕地锐减，研究车间、工厂的微缩化，对科技、经济和社会的发展具有深远的意义。

微缩创新的思想能在很多领域得以运用。把农药、化肥按照需要封装在一种微型囊中，种植者购回后，埋在作物根部，既保证了使用的安全，还可以使农药、化肥在土壤中定时释放，减少浪费，并能保证药力和肥效。这就是大有发展前途的微封包装。绿豆大的辣椒、弹丸似的茄子、手指般粗细的黄瓜、鹅蛋大的南瓜、一口能吞下十来个的西红柿，这就是植物学家已经成功的培养出来的袖珍蔬菜。还有兔大的猪，全家三口人一顿可美餐一头，这就是速成微型瘦肉猪。今后，小孩缺奶不必愁，饲养一头微型奶牛即可解决问题。中国有一位农民经过25年的研究配种，培育出震惊世界的"迷你鸡"，小到能站在你的指头上跳舞。在艺术领域，那脸盆大的百花园、刻在头发上的诗词，也都是微缩创造的瑰宝。

微缩创造法的应用要领

（1）在不改变事物的基本功能的情况下，尽量设想缩小它的空间占有量。

（2）可以不改变已有事物的原理或基本结构达到微缩的目的。也可以彻底改变原有事物的原理或基本结构达到微缩的目的。

（3）充分利用最新科技成果、新技术、新工艺、新材料实现微缩的目的。

（4）在不同领域设想应用微缩创造法。

艺术家的创造

假如人们在冰箱里睡上一觉会怎么样？你很可能会梦见滑冰或滚雪球。你把头放在冷冻室里可以睡个好觉，许多冰箱是自动除尘的，你可能因此不需要去洗澡了。还有什么荒唐的事我们可以去做做的？

一提起艺术家，我们脑海里就常常会浮现出一个与泥团打交道的雕塑家的形象。艺术家偶尔也需要来点"傻气"，这是他使用幽默和夸张技术的前提。艺术家利用幽默和荒谬的"假如……会怎么样"的疑问使自己从陈规旧习中挣脱出来，并从新的角度来看待事物。例如他可能会讲上一两个笑话：

问：你怎么称呼一个刚越狱潜逃的有着超人魔力的侏儒？

答：一个在逃的小巫师。

问：一只甲虫撞碎在你汽车挡风玻璃而亡的一瞬间，掠过它大脑的最后一物是什么？

答：它的屁股。

问：这位探险家为什么花了20元钱买一张砂纸？

答：他把这张砂纸当成了撒哈拉大沙漠的地图。

他或许给你一组新的换算数字：

2 个人 = 1 天

1/2 个人 = 一个伴

1 千里 = 重

他也可能会引用一段名言：

这儿好那儿好，比不上自己家好。——桑尼，双关语艺术家。

我不爱吃蜗牛，我喜欢快餐。——吉姆，权威评论家。

他也可能给你一张鸡食谱：

小肚鸡肠、鸡飞蛋打、鸡零狗碎、滑稽、鸡毛蒜皮。

艺术家相信引人哈哈大笑的幽默心情与做出创造性发现时所发出的"阿哈"惊叹之间有密切的关系。若你在笑话什么东西，你就是在向其概念下的规则提出挑战，并以别具一格的眼光看待它。这已在几年前我对一组高中学生所作的创造力测验中得到了证实。参加者等分为两组。在测验前，一个组先在教室里静静地坐半小时，同时另一组在另一个房间里听一著名喜剧演员的演出录音。然后两组一起参加创造力测验。结果听录音的组在测验成绩的各个方面都比另一组好，喜剧开阔了他们的思路。

一个咨询服务对象是一家卫星制造公司。一次，该公司召开了一个设计会议，会上人人都沉浸在一种发狂的思维状态之中，他们甚至要想把卫星拿过来烤一烤吃了。他们编了很多笑话，真是开心极了，结果他们列举出大量的很棒的设计想法。而在下一周的另一次会议上，当每个与会成员都格外严肃时，他们却未能够产生出任何新设想。

17. 适应需求创造法

母子雨衣的启示

青少年朋友们如果看到"袋鼠式母子雨衣"，一定深有感触吧！它是怎样被发明出来的呢？据说，那是上世纪80年代的后期，一位做了妈妈的年轻纺织女工，每天都要到幼儿园接送她的小宝宝。小宝宝快3岁了，爱说爱笑，一路上瞧瞧这里，指指那里，母子俩感到非常幸福。可是到了下雨天就糟了，小宝宝只能闷在雨衣里，怪可怜的，她十分心痛。"我们多么需要一种新的雨具啊！"年轻的妈妈常这么想着。有一次，她带着小宝宝到动物园，看见袋鼠妈妈袋囊里装着自己的孩子，小袋鼠在妈妈的胸前探头探脑的，很有趣。这情景使她很受启发。回到家里，她赶紧在一般雨衣的前襟开一条口，安上帽沿，制成了第一件"袋鼠式母子雨衣"。母子俩一试，还真管用，可把她乐坏了。这种"袋鼠式母子雨衣"很快被厂家开发出来，一时间成为市场的畅销货。

这种根据人们生产、生活等方面的需要去创新构思的方法就叫适应需求法，青少年称之为"找需要"。

"需要是发明创造之母。"适应需求法是通过仔细的观察、充分的

调查，抓住人们生产生活中的某一需要，下工夫去研究，提出优秀的发明课题的方法。我们常见到的如消毒柜、吸尘器、润肤膏、防烫勺、鲜花礼仪电报等都是这一发明技法实际应用的产物。

范碧海是江西省临川县河东中学初二年级的学生。她家在农村，责任田很多，每当收完棉花后，她都要跟爸爸、妈妈到田里去拔棉秆。粗壮的棉秆她拔不起来，还常把手磨破了。于是她很想做一个工具来替代繁重的徒手劳动。正是这种生产的需求，使范碧海同学获得了这一发明课题。随后，通过一段时间的努力，她终于发明了一种能减轻劳动强度的拔棉秆器农具。其外形类似羊角钉锤，作用原理类似钉锤拔钉子的杠杆作用。它由叉口、弯头、加强筋、手柄及支点铁杆脚等构成。拔棉秆时，将羊角叉口插入棉秆根部，把手柄往下压，棉秆立即被拔起。它很受棉农的欢迎。

诸多实例足以证明，适应需求法所产生的效果是十分明显的。

适用需求创造法的应用要领

那么，青少年怎样才能掌握好这一技法呢？范碧海同学发明成功的实例，给我们很好的启示：那就是以自己的生活体验为基础，善于思考，就可以找到人们生产、生活、学习中某种"需要"的发明创造课题。

辽宁省实验中学一位学生，在查数学用表时，常对错位，于是觉得很需要一种简单的文具来解决这个问题。随后他设计出了一种有查对数用表的三角板。使用时，将三角板两直角边上的线段箭头，分别对准所查的数字，那么三角板直角处小框内的数字就是你所查的结果。

鲁亮同学是一位业余木工爱好者，在制作中经常要划线分角。可常用的划线分角的方法器具多，费事费时，他老在想能不能根据这种需要发明一种工具，做到一眼准，一下子就平分好一个角呢？不久，鲁亮同学从"圆外一点与圆心的连线平分该点与圆两条切线所构成的角"的定理受启发，发明了任意角角平分器。它的结构非常简单，外形即为一把全透明的直角三角尺，在90°直角上刻上一条平分线作为标志线，从角尖起的角平分线上任意一点为圆心，从小到大刻上一组大小不等的图形，大圆套小圆，圆在直角平分线上一字排开，最大的一个圆撑满整把三角尺，两条直角边即为该圆的两条切线。使用时，只要把角平分器的标志线向上移动，当待分角的两条边同时与某一圆相切时，角平分器上的标志线即为待分角平分线，真是又快又准。

上述两位同学的实践同样证明，只要青少年在学习、生活中注意发现某种需要，就可以获得成功。

对"找需要"的发明选题技法，有一首歌谣是这样概括的：

高高山上一株桃，日日风吹日日摇，

发明创造选题好，天天思考"找需要"。

生产、生活与尊重，自我成就与社交；

保温瓶、太阳帽，吸尘器、润肤膏；

消毒柜、防烫勺，鲜花礼仪伴电报。

创造之母是需要，等待大家都去找！

18. 希望发明创造法

扑翼架与移动电话的启示

达·芬奇是15世纪意大利著名的美术家、科学家、工程师和哲学家，他曾经设计过一种人力飞机——扑翼架。扑翼架上装有羽毛的扑翼，人趴在下面用手拨动前边的横杆，用脚蹬后面的一对顶板，手脚一齐用力，就会像鸟的翅膀一样扑动，使其飞起来。用当时的科学技术来衡量，达·芬奇的这个设计是不可能实现的。但他希望用人力来实现飞行的这一美好愿望，经过人们几百年的努力，终于在20世纪的今天实现了。当人们看到天空翱翔的人力滑翔机，无不为达·芬奇在科技那样落后的时代就能提出如此动人的美好愿望而慨叹，同时也为那些为实现这一美好愿望而付出辛勤劳动，使新的发明成功的科学家而自豪！

美国人莫尔斯留学法国学绘画，深感和亲友通信十分费时，迸发出用电流传递信息的希望，从而发明了电报机。莫尔斯电报机广泛应用后，人们总还觉得电报只能传递电码，不能传递人的声音，于是人们幻想着用电来传递人的声音。美国人贝尔抓住人们的这一愿望，努力学习研究，发明出了电话。随着社会生活节奏的加快和经济发展，人们日益需要能及时地与他人取得联系，于是又有人发明了移动电话。这一系列发明成果，使整个世界变得越来越小。

这种根据他人或自己的美好愿望，而提出课题进行发明创造的技法就叫做希望发明法，青少年常称之为"提希望"。生活中，我们看到的许多高科技成果与小发明项目，如飞机、电视机、折叠伞、爬楼小车、充气床等，都是人们利用这种技法发明的。

希望发明创造法的应用要领

刘鸿燕是广东省韶关市北江中学的女学生，初二上几何课时，老师教同学们用圆规和直尺二等分和四等分角，她都画出来了。于是她想，老师怎么不教我们画三等分角呢？她试着用圆规和直尺画起来，但是，无论如何也画不出来。老师说，用圆规和直尺作三等分角是不可能的。刘鸿燕想，直尺和圆规作图不能解决三等分角问题，能不能用其他方法解决呢？如果发明一件能任意等分角的仪器该多好呀！从此，刘鸿燕就萌发了制作等分角器的愿望，以后，她就特别留意等分角的问题。

后来，学到等腰三角形和全等三角形定理时，刘鸿燕想，等腰三角形底边的垂直平分线平分顶角，几个全等的等腰三角形对应的顶角又是相等的，把它们连接起来不就可以把一个角多等分吗？她把设想和制作方案告诉了爸爸。爸爸说她的设想很好，原理是正确的，制作也是可行的，鼓励她大胆实践。刘鸿燕找来透明胶片，剪成一块块全等的等腰三角形，再把这些三角形用各种方法连接起来，对着接好的图样一边摆弄，一边冥思苦想。有一次，她突然联想到，这些三角形连接起来就像一把扇子，打开一把纸扇，不就看到很多等分角吗？随后，经过反复思考与实践，她终于发现：沿着等腰三角形底边上的高，开一条导向槽，用一枚大头针配合，公共顶点的位置就可以沿着槽随意改变。这样，作品就从"扇子"演化成"任意等分角器"。后来，经过实际使用，不断改进和完善，终于取得了成功。"任意等分角器"构造简单，使用方便，等分角准确，不仅解决了三等分角的问题，而且可以二、三、四、五……任意等分角，也可以把一个圆任意等分。它获得全国发明展览会的金奖和世界知识产权组织颁的大奖——"青年发明者"奖。

张希是江苏省苏州市沧浪区实验小学的学生，他家里有一只报箱，钥匙归他管着，每天他都要开两次箱，看看里面有没有报纸和信件。有一段时间，一连几天他打开报箱都一无所获。于是，他产生了一个美好愿望："要是报箱能自动告诉我里面是否有报纸或信件该多好啊!"随后，他抓住这个发明课题干开了。通过好几个月的课余时间的努力，一种叫做"小狗报信信箱"终于问世了。这种信箱底部有个类似翘翘板的装置，当邮递员将报纸或信件放入信箱后，由于报纸或信件会将翘翘板一端压下，而另一端上部装配的小狗模型就会从信箱上部特设的小缝中伸出来。这样，报箱里是否有信件，一眼便看出来了。这项发明既有趣，又实用，它获得了全国第一届青少年发明比赛的一等奖。

几位青少年的发明实践给了我们这样的启示：人们总是憧憬着未来，在希望和追求中生活。每一个希望的背后都存在着新的问题和新的矛盾。提出希望，就是发现和提示创新的方向和目标。同时，将希望转化为明确的发明创造课题，并获得成功，发明人还必须具备不获成功，决不罢休的坚强毅力。

对于"提希望"的发明创造选题技法，有一首歌谣是这样概括的：

长江后浪推前浪，发明创造我们上，

精心选题不畏难，动动脑子"提希望"。

人们想象鸟儿飞，莱特兄弟向前闯，

发明飞机上蓝天，谱写历史新篇章；

电视机、折叠伞，爬楼小车充气床。

"希望"发明真不少，生活天天大变样！

19. 缺点列举创造法

拉链的启示

拉链给人们带来了方便。"一拉，它就开了，再一拉，它就关了。"人们都很喜欢用它。云南省昆明市铁路三中的蒋知非同学，很爱穿夹克。一天，他又准备穿上那件夹克外套上学，可拉链被卡住拉不动了。随后，他抓住拉链的这一缺点，决心进行拉链的改进发明。于是，蒋知非同学仔细观察分析拉链被卡住的过程，发现拉链被卡住是由于衣服的毛边在拉链扣开合运动时被带入拉链扣里所致。为此，他又反复有意识地让绒毛细条之类物品进入拉链扣，发现链扣与链齿之间有一定距离，衣服毛边很薄，容易被夹带进入链扣的缝隙中，致使链扣被卡死。怎样解决这一问题呢？

有一天，蒋知非同学在建筑工地上，看见推土机把泥土砖头推走，联想到如果在拉链扣前端附加一推挡板，使毛边异物未接触扣齿就被挡开推走，不就避免了卡塞吗？

根据以上设想，蒋知非同学先后设计试制作了一种防异物卡塞最有效的拉链机构，并把它取名为"新型拉链扣"。该拉链扣有两个显著特点：一是一切异物不论其粗细软硬，只要进到拉链凹形边内，当拉链向前拉动时，都将沿着凹边向中心汇集，同时被向前推移开；二是拉链扣鼻梁安装在扣的面板前缘稍内，异物在拉链开合过程中避免了跟扣齿接触，从而保证开合顺畅。

世界上的万事万物都不可能是十全十美的，任何产品或事物总存在缺点或不足之处。通过观察分析，将这些缺点和不足列举出来，并提出改进的方案，就可以形成有创意的新设想，产生新发明。人们把这种发明创造技法称之为缺点列举法，青少年称之为"挖缺点"。

缺点列举创造法的应用要领

我们在日常生活中，也会接触到很多有缺点的事物，如不顺手、不方便、不省力、不节能、不美观、不耐用、不轻巧、不省料、不安全、不省时、缺少某种功能……都可加以改进克服，从而发明创造出受人们欢迎的新产品来。

贺沁铭是内蒙古自治区包头市第九中学的学生，他发明了一种能防止热水瓶碰倒后瓶胆易破碎的椭圆保温瓶壳。

贺沁铭改进保温瓶的想法是一次偶然事件引起的。有一天，他们科技小组正在活动，有位同学不小心把保温瓶碰倒了，"砰"的一声，瓶胆碎了，热水流了一地。那位同学吓坏了，站在那里一动不动。科技辅导员汪老师并没有批评指责，先让同学们把碎碴打扫干净，然后启发大家想些办法，把保温瓶改进一下。

怎样克服保温瓶易倒易碎的缺点呢？

有一天吃饭的时候，他拿起一个鸡蛋，想把它竖立在桌子上，可是鸡蛋倒了，在桌上滚来滚去……鸡蛋那么容易碎，它摔倒了为什么不破碎呢？噢，原来是椭圆形的外壳起了缓冲作用。对，就把热水瓶做成椭圆外壳！想到这里，他高兴得差点跳了起来。

贺沁铭在保温瓶外壳上粘了几条中间厚两端薄的泡沫塑料，使外壳成了椭圆形。做好一试，瓶胆果然不碎了。可是，这东西看起来太臃肿，不美观，要是向提把儿的方向倒下去，冲击的力量还是很大，不安全。这个办法又被他否定了。他又想：把泡沫塑料垫在瓶胆和外壳之间行不行呢？试试看——不行，这办法很麻烦，没起到多大保护作用。最后，他用薄铁条做了一个椭圆形外壳，周围是一条一条的中间鼓起的铁条，每一条都可以当提把儿用，省去了原来的提把儿，使整个外壳形成一个椭圆形。

效果如何呢？同学们做了对比实验：把椭圆外壳的保温瓶和一个普通保温瓶都装满水，均匀用力，一齐推倒。普通保温瓶"砰"的一声，碎了；椭圆壳保温瓶摇晃了几下，却安然无恙。师生们都非常高兴。这项发明受到专家的好评，获得了全国青少年发明比赛一等奖。

李保强是新疆维吾尔自治区乌鲁木齐市建工中学的学生，他发明了一种探针式颜料筒盖。

李保强是一个美术爱好者，常要用到牙膏筒式包装的水彩颜料和广告颜料。实践中，他发现这种包装有严重缺点：筒盖密封不严，筒口附近的颜料容易干结。硬结的颜料把筒口封死，再次使用时，必须先把硬结的颜料用针或小刀抠掉。随后，针对牙膏筒式包装的这一缺点，李保强进行了改进发明。他在筒盖的轴心部位加装了一根探针，拧上筒盖时探针插入颜料筒内；拧下筒盖时，探针拔出来，同时打通了颜料出口。这时稍挤压颜料筒，颜料就会沿针孔流出来，十分方便。

几位青少年的成功发明告诉我们：挖缺点、挑毛病并不是谁都能做好的事情。在有些人眼里，总认为现有的东西就是合理的，习惯于按常规思考问题，看不到事物的缺点；也有的人即使看到了现有事物的缺点，也不太愿意去改变它。这些容易满足于现状，缺乏创新意识的人，是不可能有什么发明成果产生的。只有要求改变现状，善于挖缺点的人，敢于打破常规，才能够不断创新，有所收获。

对于"挖缺点"的发明创造技法，有一首歌谣是这样概括的：

小鸟叫，跳林间，小鹿跑，向清泉；

发明创造选好题，你我莫忘"挖缺点"。

甘蔗没有两头甜，事物总有不完善。

不省力，不方便，不省料，不安全，

不省时，不价廉，不耐用，功能贱，

挖缺点，心莫闲，发明创造在身边！

20. U 型发明创造法

扣子的启示

谭忆是长沙市九中初三年级的学生。一天早晨，他急急忙忙去上学。到了教室，他像往常一样和几个同学打打招呼。当时他是站着的，只见同学低着头望着他笑。他悄悄地往下一看，不禁脸红了。原来是他自己把衬衣的扣子扣错了位。这么大的男孩子，扣衣服还像小孩子似的扣错，他感觉特没面子，心里很不好受。可事情已经发生，再懊恼也无济于事。随后，他回想起来自己小的时候和许多小朋友一样，常扣错扣子，便决心解决这个问题。通过一段课余时间的努力，他将扣子和扣眼配成相同的颜色，每粒扣子的颜色都各不相同，这样小孩就可根据颜色判别，不会扣错扣子了。想到小朋友喜爱小动物，他又把扣子和扣眼设计成不同的动物图案，效果好极了。三四岁的幼儿穿上后便争着自己动手扣衣服。这项发明取名为扣子与扣眼易对位的童服，不仅获得了国家专利和全国第十一届发明展览会的新技术产品金奖，而且有来自全国各地 10 多个厂家要求专利技术转让。

这种遇到麻烦的事后,从情绪低落转向积极思考,思考怎样避免这类事件再次发生的发明创造的技法叫"U 型"发明法。青少年称之为"巧转弯"。

U 型发明创造法的应用要领

塞翁失马,焉知祸福。在某些事情上遇到麻烦,实际上正是机遇来叩你的大门。许多用品都存在这样或那样的缺点和不足,一时半会儿找不出,常常是在使用过程中才能暴露出来,这就是提醒人们去改进创新的信号。

张桂杰是山东省阳谷县柿子园联中的女学生,家里有十亩三分地的棉田。正在棉花现蕾的时候,棉铃虫繁生,她只得请假回家帮父母治虫。她背着药桶打药,一天干下来,累得筋疲力竭,想起同学们都在学校里学习,感到非常委屈,两眼泪汪汪的。常言说得好,再生气也解决不了问题,她冷静地想:"我怎么不发明一种效率高于现在喷雾器两倍的新型喷雾器呢?"当头脑中萌发这个念头,她高兴极了。后来,她把单喷杆改成双喷杆,喷杆的张角可以调节,喷头的方向也可以调节,可以喷一垄,也可以喷两垄,也可以将叶片上下对喷。使用它,一个人操作的功效是原来的两倍。棉农欢喜地叫它多功能两用喷杆,并获得了全国第六届青少年发明比赛的一等奖。

上述几位青少年发明成功的经验告诉我们,这种遇事思考"如何避免"的思维方法,实际上是解决一些意外情况的最好办法。这种思维方法使情绪和思路都呈 U 字形状,从而也常常产生一些事先料想不到的意外发明。

对于"巧转弯"的发明技法,有一首歌谣是这样概括的:

想看景,上苏杭,想捉鳖,下五洋;

发明创造选好题,生气莫忘"巧转弯"。

山东学生张桂杰,家有棉田十亩三;

每当病虫高峰期,回村喷药日夜干;

误学习,体力伤,生气跺脚泪汪汪!

哎,立马转弯想一想,双头喷杆可帮忙。

新的发明诞生了,一个顶俩俏四方!

21. 类比创造法

类比创造法的原理

类比创造法是建立在类比推理基础上的一种发明创造技法，也叫类比发明法，是把两个或两个以上同类、不同类，相似、部分相似，乃至差别很大的事物进行对比，找出它们的类比之处，从而启发思路，构想新产品、新方案的方法。

类比是一种思维方法。这种思维方法在人们的生产、生活中广泛而经常采用。但是，有意识地运用于人们的创造发明活动中，并作为一种发明技法创立起来，则是美国人威廉·戈登的功劳。戈登在美国国防部、麻省理工学院、哈佛大学和洛克菲勒财团等机构的资助下，搜集4000余项有关物理、化学、机械、生物、地质、市场等学科方面专家的发明创造，以及文学艺术领域中的重大创造，加以分类编组，深入研究，发现这些科学家、艺术家们的创造活动和导致他们创造成功的过程中，存在着共同的规律和技巧，这就是将两个或两个以上乍看起来彼此无关的、不同的事物或概念巧妙地联系了起来。而帮助他们实现这种巧妙联系的方法，就是类比的方法。戈登将他总结的这种类比方法称之为"综摄法"，即广为吸收、综合摄取的意思。这一类比方法于1959年发表后，当即受到各界重视，很快推而广之。

戈登在他的研究中，总结提出了类比法的两个要点，也是类比法的重要原则，即异质同化和同质异化。所谓异质同化，就是异中求同，把陌生的事物变为熟悉的事物；所谓同质异化，就是同中求异，把熟悉的事物变为陌生的事物。这两个变化实际上就是创造性思维在创造过程中所必然经历的两个阶段。

类比创造法的应用类型

类比创造法可分为：直接类比法、拟人类比法、因果类比法、对

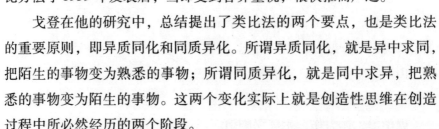

称类比法、综合类比法及象征类比法等多种形式。

（1）直接类比法

即从自然界或已有成果中寻找出与创造对象相类似的现象和事物，从中获得启示。这要比凭空想象来设计一种物品更易取得成功。

水下飞机的发明完全是按照同空中飞机的直接类比中所得到的启示发明出来的。水和空气都是物体，机翼的物体动力学特性是两者的共性，都可以由机翼产生升力，所不同的是水的浮力和阻力都比较大而已。

（2）拟人类比法（仿生类比）

进行创造活动时，人们常常将发明革新的对象"拟人化"，即模仿人的各种特征，制成新型机械。如模仿人的双腿迈步的方式，制成"步行机"，可以跳沟跨壕，在沼泽地带负重搬运；模仿人的手臂动作设计成新式掘土机，它的主臂如同人的上下臂，有活动"关节"，可以前后左右上下弯曲，而挖斗恰似人的手掌，可以插入土中，将土挖起；模仿人体还可以制造广泛使用的机械手、机械人等等。这种拟人化的设计，都是从人体的某一部分的动作中得到启示，常常会使人收到意想不到的效果。模仿生物就是仿生类比法。

（3）因果类比法

两种物品的各个属性之间，可能存在着同一种因果关系，因而，我们可以根据一个事物的因果关系，推出另一事物的因果关系，从所得的启示进行创造。

例如，面包的疏松多孔，是由于面团在烤制过程中，释放的气体在面团中形成的无数小气泡造成的。根据这一现象，日本一位发明家应用因果类比，在熔化的金属中加入起泡剂，迅速冷却后，就形成了包含无数微气泡的轻质泡沫金属材料。

（4）对称类比法

许多事物都具有对称性，我们可以通过对称关系的类比，发明出新的东西来。

现在有一种使司机头脑清醒的新产品，实际上就是把一只半导体致冷器贴在前额上。这种半导体致冷器就是根据对称类比法发明出来的。原来半导体 PN 结一端受热产生温差时就会产生电流。后来有人给 PN 结通上电流，那么 PN 结两端会出现什么现象呢？根据对称类比的观点，PN 结的一端应当放热，另一端吸热而产生温差。吸热的这端就成了半导体致冷器。

（5）综合类比法

事物众多属性之间的关系虽然十分复杂，但是，我们从综合它们相似的特征进行类比，可以得到新的发明启示。

利用电子计算机对现有各种产品的相似特征进行类比，可以设计出样式新颖、性能更加优异、价格低廉的新产品。如在飞机、汽车、轮船及其他各种产品设计上，都已采用了这种方法，实际上就是利用计算机进行模拟设计，综合后选出博采众长的方案。

（6）象征类比法

用具体事物来表示某种抽象概念，或赋予其某种思想感情，使其具有独特的风格，即寓意其中，这就是象征类比法。

例如，在建筑设计中物质功能和精神功能是不可分割的，提倡精神功能的设计思维，就要求建筑设计以满足感情等心理需求为目标。

长城象征伟大的中华民族，紫禁城象征神秘的皇权，纪念碑的宏伟，纪念馆的庄严，音乐厅的典雅，园林建筑的古朴幽深，高楼的时代感等等，以及历史上许多名垂千古的建筑，就在于它们格调迥异，具有各自的特征。

在日用品设计中，不但应具有各国鲜明特性，而且更强调意境。日本名瓷"诺来蒂克"的怀旧造型，形似古典，又追求装饰花卉要"花能解语"，象征着一位女主人在向客人诉说什么。

第三章

学生的创造性智能训练

1. 巧妙组合智能训练

你知道我们现在使用的自来水钢笔是谁最早发明、最早使用的吗?

那是在公元 1166 年。有一天, 俄国伊巴奇耶夫修道院的一个修道士接到修道院院长的命令, 要他连夜完成一篇长文章。那时, 人们通常用的书写工具是一种用细竹竿做成的蘸水笔。这位修道士写了几行字就要在旁边的墨水瓶中去蘸一下,写着写着,他忽然灵机一动,想:如果把墨水灌在一个小球里,再把小球装在笔杆头上,让墨水慢慢地渗下来,不是就用不着写几行字就要蘸墨水了吗? 他想做就做,在笔杆上装好小球。一试,果然灵验。他一口气写了 900 行字才重新在小球里装了一次墨水。

这位修道士兴奋极了, 他情不自禁地在手稿后面把这支笔的样子画了下来, 并在旁边写了一行小字: "这真叫人难忘, 我写了 900 行字, 只装了一次墨水。"

这位修道士实际上是在无意之中运用了"组合"这个创造技法,创造了古代第一支自来水笔。但他没有意识到自己这个创造发明的意义, 所以这个发明成果没有传播开来。直到前苏联的一位历史学家发现了这份手稿,才知道早在 800 多年前,已有人发明和使用自来水笔了。

什么叫做"组合"呢?

我们在搞创造发明时可以这样想:

在这件东西上添加些什么部件或把这件东西跟其他东西组合在一起, 会成为什么新的物品, 能给我们的工作与生活带来哪些方便?

很显然, 这里的"组合"有几种情况:

(1) 部件相加。即甲物体上的某一部件与乙物体上的某一部件相加而成为一个崭新的物体。如举世闻名的狮身人面像, 就是狮子的一部分 (狮身) 与人的一部分 (人头) 相加在一起。

（2）在一个物体上加上别的物体的某一部件。如小朋友使用的圆珠笔,在笔杆顶上加上一个小动物的头像,这种商品能引起小朋友的购买欲望。

（3）两种相同的物体相加。如音响的喇叭,可以由好几个喇叭组成。

（4）两种不同物体相加。如铅笔加上橡皮就成了橡皮头铅笔。

总而言之,"组合"就是一种重新组合的思想,通过重组创造出新的有价值的东西。

在生活中,有不少像上面讲到的那位修道士那样无意的"组合"而发明了某样东西的事例,但我们在搞创造发明时应该把无意的"组合"转变为有意的"组合"。

伽利略发明望远镜就是把无意的"组合"变为有意的"组合"的例子。

欧洲有一个磨镜片的工人,有一次,他偶然把一块凸面镜片与一块凹面镜片加在一起。他透过这两片镜片向远处一看,"啊! 远处的景物怎么移到眼前来了?"他惊讶得大叫起来。这个发现后来被科学家伽利略知道了,他对这个无意之中"组合"而成的事物进行了研究,终于发明了望远镜。望远镜的发明,使人们的眼睛能看得更远。后来,人们又在此基础上制成了天文望远镜,用它来观测天象,发现了许多人们从未见过的宇宙天体,使天文学研究翻开了崭新的一页。

"组合"是创造发明中最常用的方法之一。

我们学习中常用的文具许多就是灵活地运用上面讲到的四种情况"组合"的产物。

在圆珠笔笔杆上加上裁纸刀,可以随手把写好的纸条裁下来。在圆珠笔笔杆上加上小木梳,外出旅行的人使用起来十分方便。把3种颜色的笔芯装在一个笔杆中,就成了三色圆珠笔,在写字时可随时选用不同颜色。最近,文具店里出售的一种集钢笔、圆珠笔和修正液于一体的多用笔也是"组合"而成的。

还有如在卷笔刀上加上小镜子、橡皮、小毛刷和盛放木屑的小盒子，就成了一种深受小学生欢迎的多用卷笔刀了。

家用电器中运用"组合"的例子则更多。许多多功能家用电器，都是各种电器的合理组合。如：

收音机＋录音机＋放音机＋选曲电脑＝多功能收音机；

电话＋录音机＝录音电话；

锅＋电炉＝电暖锅。

人们把衣服与裙子加在一起，就成了女孩子们夏天爱穿的连衣裙；把帽子与衣服加在一起，就是流行的新颖风衣。

当前流行的组合家具，就是许多单件家具相加。当然它不是简单地相加，而是巧妙地组合，组合家具美观、实用，又可充分地利用房间的空间。

用"组合"这个技法发明的新产品，不但给人们的生活与学习提供了方便，在宇航事业中也发挥出很大的作用。科学家用三级火箭把各种人造卫星送上太空，把宇航员送上月球。这种推力巨大的三级火箭就是三枚火箭首尾相接加起来的。

在少年儿童的小发明、小创造活动中，同学们也运用"组合"这把金钥匙打开了一扇扇创造之门。

一个四年级的小学生在他日常使用的钢笔杆上贴上日历，成了日历钢笔。它既可以写字，又可以查日期，写起日记来可用得上了。

有一个一年级的小同学在垫板的一边刻上厘米刻度，等于在垫板上加上一把尺，可以一物两用。

有一个三年级的小同学把圆珠笔的笔杆做成伸缩的，拉长后就成了教棒。在教师节，他把这小发明成果作为礼物送给老师。

上海闸北区有一个三年级的小学生看到妈妈给小弟弟喂牛奶时，怕烫着小弟弟，先尝一尝试试温度。他想，这样不卫生，但不尝一尝又无法知道牛奶的温度，怎么解决这个问题呢？他想到了"组合"，就设计在奶瓶内壁上装一支温度计。这样，不用尝就可以准确地知道瓶内牛奶的温度了。

武汉有两个少先队员发现当水壶朝保湿瓶里灌开水时，壶盖常常会掀起来，烫着灌水人的手。他们想，能不能在灌开水时使壶盖固定在壶上呢？他们受电视天线的启发，在壶盖上加一根能伸缩的拉杆，用螺丝固定。平时，拉杆缩着，壶盖便可以灵活地打开。灌开水时，把拉杆拉出来。顶在水壶的把手上。这样，水壶再倾斜，壶盖也不会被掀开来，当然也不会烫着人的手了。这件作品在全国第三届青少年科学发明成果比赛中荣获一等奖。黑龙江省教委编的语文课本中还把它选为课文，让成千上万的小朋友学习。

上海电视台"智力大冲浪"节目举办的"畅想新世纪"发明设想比赛中，小俞同学就是运用了"组合"这一思路，设想了"多功能新型路灯"而一举夺魁。小俞设计的多功能路灯是把路灯"加"上太阳能电池，"加"上自动取伞还伞机，"加"上监视器。小俞设想，利用太阳能电池吸收太阳能供电，如果突然下雨可供行人取伞还伞，如果有小偷偷窃放在路边的自行车，监视器就可以及时报警……

你也可以运用"组合"这个技法创造出其他新东西。

2. 无限放大智能训练

一天，小明回到家中见爸爸正对着亮光看一卷昨天在公园里拍的胶卷，想挑出一些照得好的去印照片。由于是 135 的胶卷，上面的人很小，爸爸看得很费力。小明搬出一架自己制造的幻灯机把胶卷放进去。顿时，墙上像放电影一样，胶卷上的人、景物都看得清清楚楚。幻灯机在这里起到了一个扩大的作用。

在人们的生产、生活及发明创造活动中，常常会用到"放大"。

报纸上的字太小，老年人拿个放大镜来看，放大镜的作用就是

"放大"。

一般的电影银幕比较小，使电影缺少现场感，反映不出大的场面。怎么办？放大，把它扩成宽银幕，刚才的那些缺点就克服了。

紧张的象棋比赛正在进行，有几百个人要看，总不能让几百个人头都挤在一起吧！于是放大，做一个特大的象棋盘挂在墙上，供棋迷们观战。

随着人们生活水平的提高，我们家中电视机的屏幕也在不断地扩大，从 14 寸扩大到 25 寸、34 寸，现在市场上推出的"家庭影院"式的电视机，屏幕则更大。屏幕扩大以后，给人们观赏各种节目带来了极好的视觉效果。

我们可以这样想：

这样东西如果放大、扩展（声音扩大、面积扩大、距离扩大……），它的功能与用途会有哪些变化？这件物品除了大家熟知的用途外，还可以扩展出哪些用途？

如吹风机，大家都知道是吹头发的。但在日本，有人却利用吹风机去烘潮湿的被褥，扩展了它的用途。后来，还在此基础上"放大"发明了一种被褥烘干机，销路非常好。

"放大"在科学家的创造发明中早有运用。如把一般的望远镜扩成又长又大的天文望远镜。这种望远镜就像大炮一般，有的口径就有 1 米。它收集的光可达人类肉眼的 4 万倍，放大率达 3000 倍。用这种望远镜看星空，38 万千米远的月亮，就好像在 128 千米的近处一样。

中国科学家正计划在贵州南部建成一个能"填满"整个山谷的、世界上最大的射电望远镜。这个半径 500 米、接受面积相当于 25 个足球场大的"大锅"被誉为是地球的一只眼睛，将被用来寻找地外理性生命及为宇宙起源寻找证据。

这个巨大的"天眼"外形同锅式卫星天线相似，由 2000 块 15 米见方的反射板拼成。整个工程都将在贵州南部的喀斯特洼地中建成。

这只"扩大"了的望远镜的观测波长范围正好包括了探寻地外理性生命的"水域"波长区间，比目前世界上最大的全自动射电望远镜综合效率要高 10 倍，它将是观测范围最广、观测得最远的仪器。因此，中国的大望远镜计划也引起了国际寻找外星人组织的关注，有关国际组织已提出合作研究申请，中外天文学家将联手用这个仪器搜索外星人。

在通信中常常会遇到由于路途太远而收到的信号很弱的情况。英国科学家威廉·汤姆生发明了镜式电流计电报机后，扩大了信号的强度，使长途电缆通信得以实现。

在军事科学上，"放大"的运用更广泛了。飞机扩大到可以运载汽车、大炮、坦克；兵舰扩大到可以装载成百架飞机；而大炮则扩大到一次能射出几十发炮弹。

我们少年儿童搞小创造、小发明时，"放大"也是一种可供选择的途径。如有一个小朋友在雨天和人合用一把雨伞，结果两人各淋湿了一个肩膀。他想到了"放大"，就设计了一把双人伞，扩大了伞面的遮雨面积。还有一个小朋友看书时爱摘录好词好句，但在摘抄时，书页容易被风吹乱。他先是用回形针去夹书，后来他想到了"放大"，就利用回形针的原理，把回形针扩大，制成了一个又能搁书，又能夹书的压书器。

有一位小朋友，视力有障碍，在测量较短的线段时，在尺上读毫米数很吃力。后来，他利用"放大"的思路，发明了一把放大的尺，形状像两只有对顶角的相似三角形，一只小，一只大。测量时，利用小三角形去量线段，但量出的数据被大的三角形"扩大"了几倍，在大的三角形上读数就方便得多了。

"放大"的用处很多，你也可以试试。

3. 压缩浓缩思维训练

我们常常可以在警匪片中看见这样一组镜头：一个 A 国的间谍乔

装成旅游者潜入 B 国。他驾车在重要的军事设施旁边路过，他被那迷人的景色吸引住了，于是就驻足观赏，流连忘返。后来，他叼上一支烟，从口袋里掏出打火机，打火点烟。奇怪的是接连打了好几次都没点着。他换了一个方向，又打了几次，还是没点着，他摇了摇头，无可奈何地把烟扔掉，上了车开走了。

在一家豪华的咖啡馆里，这个间谍与同伙接头，低声地用暗语密谈，又偷偷地将打火机交给对方，相视一笑，扔下几张钞票就向门外走去。

门口，B 国的保安人员早已守候在那里，两个被带到了保安机关。在审讯室里，A 国间谍矢口否认。B 国的警察拿出一个烟缸——那烟缸正是放在那咖啡馆桌上的，从底部取出一个微型录音机。一按，录音机传出了熟悉的声音，A 国间谍一下子瘫倒在椅子上。警察又从他同伴的衣袋里掏出打火机，不无嘲弄地说："我可要见识见识贵国制造的微型照相机喽。"原来，那不是打火机，而是特制的照相机。

电影里的微型录音机、微型照相机都是"缩小"的结果。缩小体积之后，它们的用途就起了变化。

"缩小"的思路是这样的：

把某件东西压缩、折叠、缩小，它的功能、用途会发生什么变化？

在我们日常生活中随处可见用"缩小"的方法生产出来的产品。

凡是到过黄山的人都知道，由于黄山浓雾弥漫，上山时要穿雨衣。但黄山山势陡峻，登攀十分费力，身上携带的东西越少越好，越轻越好。于是，人们使用"缩小"的办法制造出一种袖珍雨衣。这种雨衣折叠起来只有一包香烟那么大，重量只有 50 克左右，价钱也十分便宜，深受旅游者的欢迎。

还有如袖珍收音机、微型电视机、袖珍手电筒、手掌式游戏机、浓缩酱油、压缩饼干、浓缩鱼肝油等等，都是"缩"出来的。

信息化时代离我们越来越近的今天，电脑已开始进入千家万户，成为人们生活中日益重要的电器。电脑的演变也有一个"缩小"的过程。据说，科学家最早研制出来的电脑有两间屋子那么大。后来，随着集成块的出现，电脑体积逐步缩小，成为"微机"进入了办公室与家庭。现在，为了方便人们接受与传播信息，又缩成了手提式笔记本电脑，可以随身携带。

有时某一件东西缩一缩后就成了一件新东西。如把一般的保温瓶缩小，就成了新东西——保温杯。

我国独步世界的微雕艺术的实质也是"缩小"。它缩小的程度是惊人的，在头发丝上可以刻出伟人头像、名人诗句等等，成为一件件价值连城的艺术珍品。

在我国深圳有一个风景区，叫做"锦绣中华"，又名深圳小人国。它就是用"缩小"的办法，把我国的许多景物，照原型缩小后，安排在 30 公顷大小的地方。这里有名列世界八大奇迹的万里长城、秦陵兵马俑；有最大的宫殿（故宫）、最大的佛像（乐山大佛）、最宏伟的建筑（布达拉宫）、最奇的景观（石林）、最奇的山峰（黄山）、最大的瀑布（黄果树瀑布）；有庄严肃穆的黄帝陵、金碧辉煌的孔庙；还有雄伟壮观的泰山、如诗如画的漓江、小巧玲珑的江南园林及具有各种民族风格、民族特点的民居。总之，你可以在一天之内领略中华五千年文化，畅游大江南北锦绣河山。

最近几年，"缩小"在医学上得到了广泛的应用。如腹腔镜手术，只需在病人腹部划上能插进一把钥匙大小的小孔，然后将微型器械伸进腹腔内进行手术。这种手术又称为"钥匙孔外科"，可以进行胆囊切除等较复杂的手术。病人损伤小、痛苦少、康复快，一般三四天就能出院，并且不会在病人身上留下长长的刀疤。手术中的微型器械就是"缩小"的成果。

最近，在报纸杂志上常常可以看到科学家用"缩小"的思路发明的产品。如细菌电池，缩得只有针尖那么大小，电池内的细菌能把特别的糖浆转化为氢，再通过一系列化学反应后产生出电流来。又如在德国的帕德博思市计算机博物馆里展出的微型机器人，只有4.3克重，比人的拇指还要小。

当然，"缩小"也是我们少年儿童搞小创造、小发明时常用的思考方法之一。

如有一个小朋友发明的简易旅行折凳就是一个例子。这折凳主要有4个部件。长方形木板一块，用作凳面。两块相同的木板作凳脚，用铰链铰合，可以折叠。在凳面的反面装上一根能转动的木棍。使用折凳时，将两凳脚伸开，把木棍转90度与凳脚垂直，撑住凳脚；不用时，把木棍再转90度与凳脚平行，凳脚就可以折叠在凳面上，再把木棍转90度与凳脚垂直，压住凳脚，不让凳脚散开，就便于携带了。

还有一个小朋友发明的便于携带的昆虫笼也是一个例子。这种新式的昆虫笼实际上是只盒子，但在盒子的底与盖之间用蚊帐布连接。不放昆虫时，蚊帐布可以折叠，盒子底盖相合，能缩得很小。

再如贝明纲同学，运用"缩小"的办法，发明了手表式太阳钟。他在制成太阳钟（日晷）模型后，就想把它缩小到可以随时带在身边使用。于是他把日晷的指针和平板都设计成可以折叠的，只要把指南针对准方向，在太阳底下看日晷上指针的影子，就能读出当时的时间。这就成了最经济的自制手表。

二年级小朋友沈冰心同学发明的小鸟喂食器也是成功的"缩小"的例子。她模仿粮食店里的售米器，对其加以缩小、改进，利用一只废弃的塑料药瓶，下端开一个圆洞，用一个锥体形的软木塞顶住，瓶盖上打一个小洞用小铁丝插入与瓶底的软木塞连接。瓶内装满小米，用手一按小铁丝，软木塞向下松开，小米就漏下来，顺着一个小漏斗"流"进鸟笼。手一松，一根弹簧将铁丝往上拉，带动软木塞顶住圆洞，小米就停止下漏。沈冰心同学凭这件作品在和田路小学的小发

172

擂台赛中得到第一期擂主的称号。

当然，并不是所有的物体都需要"缩小"，也不是缩得越小越好，还要看生活与生产的需要，需要缩到多大就缩到多大。缩的过程也并非简单地、原封不动地把形体缩小，可以通过换材料、换部件、换工艺等方法来达到缩小形体、扩大功能的目的。

仔细观察一下自己的周围，哪些东西是应该缩，又是可以缩的？

4. 学习模仿思维训练

"模仿"是人们进行创造发明的一条有效的途径。什么叫做"模仿"呢？

古时候，人们看见鸟能自由自在地在空中飞翔，就萌发了向鸟学飞的念头。看过电视剧《封神榜》的同学一定会记得那个雷震子吧，他就有一双肉翅，能随心所欲地飞翔，这正是人们想像鸟一样飞翔的美好愿望的体现。于是对鸟的飞行动作进行了模仿。人们开始设想在自己身上装两张能动的翅膀或装上一张特大的风筝，想利用风力将人送上天空，但都没有成功。后来，科学家对鸟类飞行的原理进行了反复研究，终于在 1903 年发明了飞机，实现了人类上天的愿望。在以后的几十年间，经过不断改进，飞机的飞行速度越来越快。但也带来了另一个问题，由于速度太快，经常发生机翼剧烈的抖动，造成机翼破碎，多次发生机毁人亡的惨祸。许多科学家为解决这个问题而煞费苦心，过了好久好久，人们发现蜻蜓的形状极像当时的飞机。蜻蜓的翅膀又薄又脆，但它快速飞行时为什么没有出现剧烈抖动、翅膀破碎的现象呢？科学家发现，每只蜻蜓的翅膀末端，都有一块比周围略重一些的厚斑点。这就是防止翅膀颤抖的关键。科学家按这个方法改进了机翼。果然，机翼就不再抖动了。这一成功极大地引起了科学家的兴趣，以后，他们注意研究苍蝇、蚊子、蜜蜂等飞行方法及原理，造出了许多具有各种优良性能的新式飞机，在军事、科技、民用等方面发挥了很大的作用。

工程技术上的"盾构施工法"据说也是运用"模仿"的思路发明的。过去开掘地下隧道时一般都用"支护开掘法",但一旦遇到土质松软的地方就困难重重。一位工程师在一筹莫展时,偶然发现有一只小虫正使劲地往坚硬的橡树皮里钻。工程师仔细一看,那只小虫是在硬壳的保护下往树皮里钻的。这时,这位工程师想到了"模仿",能不能模仿小虫钻洞的样子去开凿隧道呢?后来就逐步发明了"盾构施工法",到现在,我们建造地铁、开凿越江隧道时,普遍使用这种"盾构施工法"。

这些生物成了人类的"老师"的例子还可以举出许多许多。如科学家研究了蝙蝠的飞行,学习其中的原理发明了雷达;研究了鱼在水中的行动方式,发明了潜水艇;研究了大袋鼠跳跃的方式,造出了会跳跃的越野汽车;研究了大鲸在海中游动的情形,把轮船船体改成流线型,大大地提高了航行的速度。人们还模仿某些贝壳制成了坚固的坦克,模仿一些大树、麦秆的性能建造了高耸入云的塔与摩天大厦。

由此可见,所谓"模仿"可以这样想:

有什么事物可以让自己模仿、学习一下?模仿它的某些形状、结构或学习它的某些原理、方法。这样做,会有什么良好的效果?这样会创造出什么新的东西?

当然,我们不仅可以模仿生物,向生物"学习",还应注意不要放过"学习"别的现象的机会。从这个意义上来说,无数"老师"就在我们身边向我们点头微笑,就看你有没有一双慧眼,一个智脑,去发现它们,去"学习"它们。

日本有一位工程师看到一位清洁工人用玻璃刮去木板上的油漆,当玻璃的锋面变钝时,就再把玻璃敲碎,用新碴口接着刮。这位工程师模仿这个方法,设计了一种美工用刀,把薄长的钢片楔入刀夹内,可根据需要把用钝了的部分掰掉,露出有新刀刃的刀子,这样使用起来方便多了。

当然，模仿不是照搬，而是从现象中寻找规律，模仿中有创造。下面三个事例可以说明这一点。

伽利略年轻的时候，有一次到教堂去做礼拜。教徒们祈祷、唱诗十分虔诚。伽利略却觉得无聊，便东张西望。忽然，一盏悬挂在教堂半空的铜吊灯引起了他的注意。只见吊灯被门洞里进来的风吹得来回摆动。他看了好久，慢慢地发现了一个规律：不管吊灯摆的幅度大小，来回摆动一次的时间都是相等的。

回到家里，伽利略找来一根绳子，吊上一个重物，让它像教堂里的吊灯一样来回摆动。实验结果证明，摆动一次所用的时间跟所吊物体的重量没有关系，而与摆长有关系。这就是摆的等时性定律。后来，有些能工巧匠运用这个定律制造出各种走时准确的机械摆钟。

你想不到吧，我们使用的摆钟竟是向随风摇摆的吊灯"学"来的！

医生常用的听诊器的发明，也是"模仿"的结果。

1816 年，法国医生雷奈克为一个年轻的姑娘看病。这姑娘非常胖，要诊断她心脏与肺是否有病十分困难。怎么办呢？这时，雷奈克抬头看见窗外有两个小孩在玩耍，一个孩子用钉子刮擦木板的一头，另一个孩子把耳朵贴在另一头，兴致勃勃地倾听着。雷奈克感到奇怪，就走过去听了一下。呀，那一头小孩用钉子刮木板的声音通过木板清晰地传到了耳朵中。雷奈克马上回到屋里，用一叠纸紧紧地卷成圆筒形，把纸卷的一端按在姑娘的胸部，另一端放在自己的耳朵边。顿时，心脏的"通通"声，听得清清楚楚。后来几经改进，就成了目前医生常用的听诊器。

英国人邓禄普发明充气轮胎也是同样。有一次，他看到儿子骑着硬轮自行车在卵石道上颠簸行驶，非常危险。他想，能否做一种新的可以减少震动的轮胎呢？在花园里，他看到了浇水的橡皮管，脚踩上去很有弹性。于是，他运用这个原理，发明成功了充气轮胎。

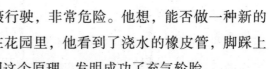

我们少年儿童掌握了"模仿"的技法，就能在小创造、小发明中一显身手。

如小学生徐琛、贝明纲发明的防触电插座曾获世界青少年科技作品展览最佳奖。这件小发明的关键部件——四片活门的巧妙组合，就是受到工厂里恒温车间的双层玻璃窗的启发而设计出来的。

再如另一位小同学张军发明的拔毛器，曾获全国小发明三等奖。他也是从爷爷的电动剃须刀的构造得到启发，才设计出来的。

睁开你的双眼，在身边寻找值得自己模仿的事物吧！

5. 改进提高思维训练

"改进"也是创造发明中常用的方法。所谓"改进"就是这样思考：

某件东西在使用过程中，还有哪些缺点或不足？把这些缺点与不足排一排，再分析一下，看看哪个缺点是主要的或必须马上解决的，怎样改进才能克服或尽量减少缺点，给人们带来方便。

方黎、任勇勤、程赟等同学发明革新系列篮球架的经过可以说明这一思考过程。

一般的篮球架是为了比赛用的，所以只设一个篮圈。用这种比赛的篮球架在体育课上练习投篮，缺点就暴露出来了。方黎针对这个缺点进行改动，发明了有4个篮圈的篮球架。可是篮圈少的矛盾解决了，另一个矛盾又上升为主要矛盾了——篮圈的高度是固定不变的，如果定得高，低年级小朋友投不到，如果装得低，高年级同学没有兴趣。方黎又开动脑筋，把篮球架做成可升可降的。于是，一个专供练习投篮用的多用升降篮球架诞生了。多用升降篮球架用"改进"的办法，避免了两个缺点。但任何事物都不是尽善尽美的。任勇勤同学又发现了它的不足：如果同时有高年级和低年级学生在练习投篮，一个要升高，一个要降低，不是要"打架"吗？怎么解决呢？任勇勤同学经过反复琢磨，创造出一种如意篮球架，即把4个篮圈，按不同高度装在一根柱子上。高年级同学投高的篮圈，低年级同学投低的篮圈，各得其所。但"改革"并没有到此为止，程赟同学又设计了智力升降篮球架。在可升降的柱子上装上一个圆桶，圆桶的下端装4个通道，同学把篮球扔进去后，要动脑筋想一想，球会从哪个通道里滚出来。这种投篮又要动手又要动脑，会使同学练习投篮的兴趣更浓。这3个同学，在"改"字上着手，不断地发现缺点，克服缺点，搞出了一件件有新意的小发明。这3件作品都获得了市级以上的创造发明奖。

在社会生活、生产活动中，人们也常常用"改进"的方法搞创造发明。

拿我们日常使用的雨伞来说吧。解放前有一种油布伞，用比拇指还粗的竹竿做伞柄，伞面的布上抹上桐油。这种伞坚实，但笨重，使用起来很不方便。后来，有人改为油纸伞，用抹了油的纸代替油布作伞面。这一改解决了笨重的问题，但纸容易破碎。于是用金属做伞柄，用黑布作伞面的皮柄伞应运而生。但人们又发现这种伞不能装在提包里，携带不方便。不久，人们对伞骨和伞柄进行了改革，造出了两折伞、三折伞，伞面的颜色也改成多种多样，有的还画上了图案。人们的改革是无止境的。某一件东西在这个环境中看不出缺点，在另一个环境中就可能会暴露出缺点。如下大雨时撑伞，伞面遮住了视线，行走时容易与人或车相撞，那就把伞面改成透明的。骑自行车的人双手握着车把怎么撑伞？聪明的人又把雨伞改成帽式，可以戴在头上，成为风行一时的伞帽。雨夜打伞在马路上行走，来往的车辆不容易看清你；在泥泞的小路上行走，不容易看清路面，都容易发生危险。于是有人就想到在伞上装一个发光器，克服了这个缺点。现在，在日本，有人发明了一种没有骨架的伞。这种伞的结构极为简单，它由伞面、塑料柄和注气塞3部分构成。使用时，只要用注气塞注入空气，伞面就自动张开；不使用时，排出空气，整把伞就成为一个袋子，可以折叠起来放进手提包，十分轻巧，深受用户的欢迎。

"改进"就是不断发现缺点，不断克服缺点，永不满足，不断改进，精益求精。

科学家发明耳朵体温表就是一个典型的例子。传统的体温表多数是放在口中测量体温的，体温表要在舌头下面放好几分钟，时间长而且不自在。婴儿量体温就更麻烦，把体温表塞在婴儿口中，不懂事的婴儿会感到害怕，哭个不停，甚至会把体温表咬碎，发生误吞水银事故。针对这个缺点，有位科学家对体温表进行了改进。他首先想到的是缩短测量的时间，发明了一种只要放在舌头上一秒钟就能测得体温的体温表。但当舌头裸露在空气中时，温度容易散失，读数就会不准确。针对这个缺点，他再改进，先是尝试在头颈、头顶、鼻孔等部位测量体温，效果都不理想。后来，他想到了耳朵，耳孔较为干燥，又较少受外界温度的影响，耳鼓的血管联系着脑部的血管，而脑是控制体温的中心。于是，他把体温表再次改进成适合在耳朵测温的样式，成功地发明了耳朵体温表。只要把这种体温表放进耳朵，一秒钟就可以准确地测出体温，既方便又实用。

不少少年儿童在日常生活中遇到不方便、不合理、不科学的事物时，也和方黎她们一样，不安于现状，不怨天尤人，而是运用自己的聪明才智搞出了许多小改革、小发明。

有一个小朋友患了眼病，医生要他每天点几次眼药水。但在点眼药水时，他发现眼药水瓶有一个缺点，就是在点的时候无法对准自己的眼睛，常常会把药水点到眼睛的外面。他针对这个缺点，发明了一种带镜子的眼药水瓶，在眼药水瓶的两肩，根据一定的角度，装上两块小镜子，这样看着镜子点，就能正确无误地把药水点进眼睛了。

比如，我们拿牛奶瓶和放空牛奶瓶一般要用两只手，并且要跑到

178

室外，在牛奶箱里取，很不方便。有的人对此习以为常，但有个小朋友却动起"改进"的脑筋。他设计了一种新型的牛奶箱，把牛奶箱嵌在墙内，一面对室外，一面对室内。箱内装两块斜板，像"人"字形。第一块斜板像个滑梯，方向朝里，装牛奶的瓶就可以从这块板滑进。在这斜板的半腰上有另一块斜板，方向相反。两板交接处有块"〉"形的活动小阀，这里预先放好一只空牛奶瓶。当送奶工人把牛奶瓶从箱子正面放进时，奶瓶就沿着"滑梯"朝里面下滑，中途碰到"〉"形小阀，"〉"就翘起成为"∧"形，空奶瓶就顺着第二块斜板向箱子正面的出口滑去。这样，送牛奶的工人一面放入牛奶瓶，一面就可以取到空瓶。而牛奶订户，可以足不出户取到牛奶。

著名的教育家叶圣陶爷爷生前看到小朋友的小发明后，曾经高兴地说："这样的孩子，将来一定有出息，长大以后一定能成为建设祖国的有用人才。"

6. 变化改进思维训练

哈格里沃斯是英国的一个聪明能干的木匠。他的妻子为了补贴家用，在家里不停地纺纱。看见妻子用老式的纺车"吱呀""吱呀"地纺线，他心里琢磨开了：用这种纺车纺纱，只能纺一根纱，又慢又辛苦，有什么办法可以改进一下呢？

1764 年的一天，哈格里沃斯不小心把妻子的纺车碰倒了，使原来水平放置的纱锭直立了起来。他呆呆地看了半天，突然一个劲地喊起来："我知道啦！我知道啦……"

原来，哈格里沃斯发现直立的纱锭和水平装的纱锭一样也会转动。他想：我做一个木框子直立着并排安装几个纱锭，不就可以一次纺出几根纱了吗？

在妻子的协助下，他几经改进，终于发明了一种一次能纺八根纱的新纺车——珍妮纺纱机。珍妮纺纱机的发明，在英国乃至整个欧洲纺织技术史上具有极为重要的意义。

这个发明能成功，很重要的一环就在于把水平装的纱锭变为垂直放的纱锭。

还有一个事例，一个修女在窗口纺纱，耳中听到窗外传来刺耳的锯木声，她抬头一看，只见隔壁的一个小伙子正弓着背吃力地用直锯锯一棵树。她一边纺纱一边想，我纺纱不要花多大力气，如果在一个纺纱的轮了周围装上锯齿，锯起来不就省力得多了吗？于是，她发明了圆形锯。这是变条形为圆形。

可见，"改变"也是创造发明的思路之一。

"改变"就是这样想：

改变一下事物的形状、颜色、音响、气味、位置、方向会产生什么结果？改变一下事情的次序或操作的顺序又会产生什么结果？

如我们常见的铅笔，一般是圆的，放在桌上容易滚落。于是，人们就把圆的变成六角形的，克服了容易滚动这个缺点。后来又有人把六角形变成三角形，以方便低年级的小朋友把握。为了方便木工的使用，又把铅笔做成扁圆形。铅笔芯一般是黑的，把它变成红、黄、蓝等多种颜色，就有了新的用途。现在还有白色的铅笔，可以在黑板上写字。

我们每天行走的马路，为了适应社会的发展也不断地在"变"。单调的路面颜色会使长时间高速行车的司机感到枯燥，产生疲劳。为了解决这个问题，人们设计出一种彩色路，把不同的色彩掺进黑色的沥青材料，使路面的颜色起了变化。彩色路还是一种信号路，它能告诉司机：红色——前面有交叉口或居民点；蓝色——附近有学校，注意小学生穿行马路；黄色——不准开快车……彩色路对提醒安全行车十分有效，还能起到美化城市的作用。人们还把马路变成高低不平，做出方格、斜条、圆圈等好多图案。粗糙的路面加强了防滑作用，对于每小时跑 100 多千米的汽车而言,就成了十分安全的"保险路"了。现在又有人把一种奇妙的发光材料掺进了路面,就变成了发光马路。这种马路夜里能把车道映得清清楚楚,司机在黑夜中行驶就像白天一样方便。"变"是无止境的,科学家已在设想把高频导向电缆安置在道路下面,它会发出信号,指挥汽车按一定方向、速度行驶,比司机自己开车还可靠。

上海的母亲河——黄浦江上近几年建起了几座雄伟的大桥,没有两座的造型是相同的,"改变"使这些桥梁成为黄浦江上亮丽的风景线,使许多外地游客流连忘返。

过去,我国生产的商品的外包装不十分讲究。有的外商用低价买去后,改变一下商品的外包装,转手就高价卖出。现在,我国的外贸单位吸取了教训,在"变"字上做文章,使商品的外包装越变越精致、美观,做到"秀外慧中"。结果,大大地提高了商品的价格与市场竞争能力。

变一下次序,有时也能带来不同的结果。语文课本中的《田忌赛马》就很能说明这个问题。田忌同齐王赛马,各自把自己的马分成上、中、下三等。田忌以自己的上等马对齐王的上等马,以自己的中等马对齐王的中等马,以自己的下等马对齐王的下等马。由于田忌的每一等马都不如齐王的强,结果连输了3场。这时,田忌的朋友孙膑见齐王的马比田忌的马强不了多少,就给田忌出主意,用田忌的下等马同齐王的上等马比,先输一场。然后拿田忌的上等马与齐王的中等马比,将田忌的中等马与齐王的下等马比,结果扳回两场,终于以二比一获胜。课文的结尾这样说:"这是原来的马,只调换了一下出场的顺序,就可以转败为胜。"这句话点出了"改变"的妙处。

在我们日常学习中,这类事也是很多的。做数学题时,如果我们按照一定的规律,合理地调换运算的顺序,就能算得又快又正确。如:

$6.7 \times 0.38 + 0.67 \times 5.1 + 0.067 \times 11 = ?$ 是一道较复杂的计算题。但如果我们运用"乘数扩大,被乘数缩小相同倍数,积不变"的原则,把

式子转化为 $6.7×0.38+6.7×0.51+6.7×0.11$，再用乘法分配律的知识把式子转化为 $6.7×(0.38+0.51+0.11)$ 就可以很快得到答数 6.7。

在中外少年儿童开展的创造发明活动中，运用"改变"而成功的事例也是举不胜举的。

如一个一年级的小朋友，有一次晚上回家，摸黑去插门插销，结果，插了半天才插上。原来，由于门走了形，插销头与套子对得不准。这准小朋友想，尖的东西很容易插进别的空隙。第二天，他就动手把插销的头用锉刀锉得尖一点。这样，插门就不难了。他是把"平头"变为"尖头"，发明了尖头插销。

还有一位小朋友使用漏斗往瓶里灌水时，发现水流不畅，原来是瓶中的空气无法跑出来。他把漏斗提起一些，瓶里的空气从空隙中跑出，水才顺利地灌了进去。这位小朋友先在瓶口垫一块东西，一试，水顺畅地灌下去了，但他想，每次要找一块东西垫，多麻烦！后来，他把漏斗的管子变为方形的。方形的管子与圆形的瓶口形成了空隙，瓶里的空气从空隙中跑出来，水也就流得通畅了。

我们平时见到的装昆虫标本的盒子都是长方体的，只能从正面看，昆虫标本的背面怎么样就看不到了。上海的一位小朋友把标本盒变成六面透明的，克服了这个缺点。后来，她又把标本盒的两侧变成三角形，这样只要五块透明的材料就行了，稳定性胜过长方体标本盒，能从各个角度观察标本。这件小发明通过改变材料与形状，取得了良好的效果。

也许你会说：小小的变动，谁不会？只是我一时没有想到而已。是的，小发明并不神秘，但可贵的是你想到了别人一时没想到的东西。开动你的脑筋，多想想吧，成功正在向你招手呢！

7. 思考定型思维训练

马路上的红绿灯可以代替交通警察指挥交通。红灯停，绿灯行。

有了这个规定，十字路口的车辆才能互不干扰，顺利地通行。还有，按我国交通部门的规定，车辆在马路上要靠右边行驶（世界上也有一些国家规定车辆在马路上靠左行驶）。大家按本国的规定执行，来来往往的车辆就可相安无事。

由此可见，作出某些规定是人们生活的必须。有趣的是，"定型"也成了创造发明的思路之一。

什么叫"定型"法呢？

为了解决某一问题或改进某一件东西；为了提高学习、工作效率，防止可能发生的事故或疏漏；为了生活得更美满，需要定出什么吗？这个规定的作用究竟是什么？

"定型"在科学发明上有很大的作用。

1740 年以前的温度计上有不同的刻度标准。如：英国皇家学会实验部主任罗伯特霍克把水的结冰温度作为一个起点；有的医生以正常的血温为起点；牛奶场的商人以牛奶的溶点为起点；有的天文学家以巴黎天文台地下室的温度为起点。有人统计了一下，这时期有 27 种不同刻度的温度计，它们的确方便了确定温度起点的人，却给更多的人带来了麻烦。为此，1740 年，大家经过协商一致同意以水的冰点和沸点作为温度计算标准刻度的依据。

由于有了这个规定，有个名叫华仑海特的人，设计制造了一种装水银的温度计，在这种温度计上，水的冰点是 32 度，沸点为 212 度，称为华氏温度计。1742 年，瑞典的摄尔西斯设计制造了一种温度计，它以水的冰点为零度，沸点为一百度，这就是我们今天最熟悉的摄氏温度计。气象台预报天气的温度就采用他制定的标准，称为摄氏度。

再举一个例子。有一则电视广告，讲有一种牙刷的毛是蓝色的，这蓝色在使用过程中会一点一点褪下去，褪到牙刷的根部就说明这支牙刷的寿命到了，该换一支新的了。这是用颜色来"定型"使用的日期。据使用过的人说，效果确实不错。

现在，随着工农业、交通运输业的发展，城市噪音成了一种公害。科学家就给声音的大小作了个规定，把声音大小的单位称为分贝。分贝超过了一定的限度就要妨碍与影响人的正常生活了。把"环境噪声显示器"装在马路上，它根据周围声音的强弱不断地显示出分贝的数字，提醒人们，轻点，再轻点，不要无缘无故地发出令人讨厌的噪声。

在发明照相机的过程中，"定型"也起了很大的作用。人们开始制造照相机时，各个厂家胶卷的大小是不相同的，所以买相机必须同时买这一家生产的胶卷。后来，有人就规定了"120"和"135"两种大小规格的胶卷，生产胶卷的厂与生产相机的厂分开，这样，不管什么相机都可以买到合适的胶卷，大大地方便了用户。

上面提到的胶卷问题，实质就是一个标准化的问题。标准化是发明家惠特尼发明的一种方法。他提出采用相同的标准，成批地生产枪支零件，然后组装成枪，使原来只能一支一支制造的枪支变成可以批量生产。工人只在流水线上制作某一个零件，容易成为熟练工人。枪支损坏了，只要找到配件就可以调换。标准化迎来了大工业生产的新时代，"定型"在发展现代工业上功不可没。

现在有不少自动的装置也有"定型"的思路。如冰箱到了一定的温度就会停止运转，但温度超过了某一限度，它又自动地启动工作，这就是一个设定好的温控装置在起作用。

有人问，用"定型"的方法也可以搞小创造、小发明吗？答案是肯定的。

有一个日本小朋友发现灭火器过了期往往会失效，怎么让人们对灭火器是否失效一目了然呢？他在灭火器上装了一个液晶显示器，以电池做电源，在有效期内会显示"可使用"三个字。有效期将满，那电池的电力也将耗尽，显示器上的字也随之消失。这时，就须及时调换灭火器的药剂。然后，再装上一枚新电池让液晶显示器上再一次显示出"可使用"三个字来。这是利用某种电池的耗电速度与药剂失效速度相仿这一点来定出限期使用时间的。

上海市和田路小学的小童同学发明了一种电子防近警报器也是一个例子。他利用人体有生物电的知识，在电子防近警报器上装一块金属感应板，规定了头部到桌子的距离。当头下俯超过这个规定值时，金属板就会受感应，电流传到防近警报器，小红灯就会发亮，发出警告，提醒写字看书的人姿势要端正。

你能利用"定型"的方法发明什么作品吗？

8. 吸收移植思维训练

美国科学家爱迪生一生有 1 000 多项发明，被人们誉为发明之王。

爱迪生从小就是个爱动脑筋的孩子。他 11 岁那年的一天，妈妈突然得了急性阑尾炎，医生诊断下来，必须立即动手术。但当时爱迪生家很穷，哪里住得起医院。爱迪生的爸爸急得双手抱头，直跺脚。爱迪生请求医生在家里给妈妈动手术，善良的医生同意了。但这时，天已经渐渐暗下来，爱迪生家里只有煤油灯，光线太暗。医生为难地说："这样的光线，我开刀时看不清楚呀。"

妈妈在床上痛得直打滚，爸爸在一旁叹气，医生也束手无策。爱迪生看着那窗户上越来越亮的月光，突然想起白天与小伙伴们用碎镜片反照日光的游戏。他兴奋地叫起来："爸爸，我有办法了！"他把大衣柜上的镜子拆了下来，又到小伙伴家搬来 3 面大镜子，借来几盏煤油灯。他把这些镜子和煤油灯都放在床的四周，挨个儿调整角度，使镜子里反射出来的光聚合在一起。这样一来，床上顿时明亮起来。医生望着这个刚布置起来的奇特的"手术台"惊呆了。他马上进行手术，结果手术十分顺利，爱迪生的妈妈得救了。

爱迪生搬来的是镜子，同时也"移植"来了反光这个道理。可以这样说，爱迪生用"移植"的方法，救了妈妈的生命。

"移植"也是发明创造的思路之一。

可以这样想：

把这件东西搬到别的地方，还能有什么用处吗？或将某一个想法、道理，某一项技术搬到别的场合或地方，能派上别的用处吗？

我们再看一个故事。

1930 年末，"高斯号"探险船来到了南极。这时正好下了一场特大的暴风雪，气温下降到零下五六十摄氏度，船被冻结在一望无际的冰原里，无法挪动一步。船员们先是用铁锤、锯子去砸冰、锯冰，后来又用炸药去炸冰，但都无法开出一条通道来。

这时，有一个船员想起了一件事。

——有一个瞎子在太阳底下卖罐。一种是白罐，一种是黑罐，白的便宜黑的贵。尽管两种罐的形状大小一模一样，但那个瞎子只要用手一摸，就可以准确地知道哪只是白的，哪只是黑的。有人问他什么原因。瞎子说："白罐能反射阳光，黑罐能吸收阳光，所以在阳光下，黑罐要比白罐热，我一摸就能分开白的还是黑的。"

于是这个船员就向船长建议，把黑灰、煤屑、垃圾撒到船周围的冰上，让它们吸收太阳光，把冰化掉。船长觉得有理，就发动全体船员把所有的黑灰、煤屑、垃圾都运到冰上去，足足铺了 2 千米长，一直延伸到只结了一些薄冰的海面上去。南极从九月开始就没有黑夜了，太阳始终悬挂在天空。这 2 千米的冰带吸收了太阳的热量就逐渐地化掉，"高斯号"终于脱了险。

这个船员"移"来了黑色的东西能吸收太阳光的道理，救了一条船。

在科技高度发展的今天，"移"来"移"去的例子是很多的。它们"移"出了许多奇迹。

电视机是每个家庭的"宠儿"，每天晚上几乎每家每户都会聚在它面前，津津有味地欣赏精彩的电视节目。

可是，将它一"移"，就可以"移"出许多新的用途来，甚至"移"成一种新的东西。

将它"移"到工厂的车间里，成了"有线电视"。它可以指挥机器正常运行，哪里出了毛病，都会在接收机的屏幕上显现出来。同时，它能把机器失灵的情况，传递给电子计算机，由电子计算机作出纠正动作的决策，把信号输送给那台失灵的机器，使它运转正常，保证优质产品源源不断地从流水线上生产出来。

将它"移"到炮弹上，就成了"侦察员"。它"坐"在炮弹身上能"飞"20～25千米，然后与弹壳自动分离，在减速器的作用下，像鸟儿一样展开双翼，"飞"到指定的区域。这时，自动摄像机就开始工作，摄下敌方阵地上的情况，并立即传回自己的阵地。指挥员坐在电视屏幕前，就能对敌方的情况了如指掌了。

将它"移"到飞机或轮船上，就成了可靠的"导航员"。即使在伸手不见五指的大雾里，它也会清楚地摄下机场和港口的目标，飞机和轮船便根据显示的情况，安全着陆和进港。

将它"移"到海底，就成了"潜水员"。它能帮助科学家研究海底的地质构造，或者帮助寻找海底沉船，打捞沉睡在海底的财宝。

科学家在科学研究中，往往也会"移"出奇迹来。

法国化学家巴斯德在研究啤酒发酸的原因时，发现细菌是腐败的根源，而且其中的病菌还能致病。一位英国的医生把这个道理"移"到了医疗方面来。他把医疗用的绷带、棉花、手术刀都进行防腐消毒，这样病人开刀后细菌感染的机会大为减少，使病人手术的死亡率大大下降。这个医生的"移植"，不知从死神手中救出了多少人的生命。

最近，美国国际商用计算机（IBM）公司的科学家，正在研究如何利用"种痘"的办法增强电脑的"免疫力",从而使电脑不再因新病毒侵入而"生病",这也是一种"移植"。

我们知道,对付让人体生病的病毒,已有了不少很好的办法,其中之一就是"种痘"。这就是说,人们培养一种特殊的病毒,对它加以改造,用它制成特殊的生物制剂,将它注入人体,这就是"种痘"。"痘"能使人体产生抗病毒的免疫力,保证人体健康。电脑科学家从这里得到启示:对付电脑病毒,不是也可以"移"来用一用吗? 不是也可以研制一种"电脑疫苗",给所有电脑"接种"吗? 当然,"电脑疫苗"不会是生物制剂,而是一种极其特殊的电脑程序,这种程序带有一定的"毒性",输入电脑后,不但不会影响电脑的"健康",反而会使电脑产生抗病毒的"免疫力",使电脑不再产生运行异常、"死机"等症状。

也许有的同学会问:现在,不是发明了防毒卡,编制出防毒软件吗? 何必再给电脑"种痘"呢? 其实,防毒卡和防毒软件只能对付经常流行的几种电脑病毒,不能对付还未出现的新电脑病毒。"种痘"却能对付不断出现的新电脑病毒。因为科学家在研制"电脑痘"时,就预见到电脑病毒制造者将来可能采用的一些技术。

"移植"理所当然地成了我们少年儿童搞创造发明的思考方法之一。

如一个四年级的小学生,看见居民倒垃圾的桶盖都敞开着。尽管盖子上写着"随手盖盖",但由于盖子很脏,居民都不愿用手去盖。没盖紧的垃圾桶散发出阵阵臭气,里面的垃圾、灰尘也被风吹得四处飞舞。他想:能不能把垃圾桶改成脚踏开盖式呢? 只要脚一踏,盖子就能打开,脚一松,盖子又自动盖好。后来,他仔细观察了马路上脚踏开盖式痰盂的结构,把这种构造的特点,加以改进,"移"到了垃圾桶上,创造出了"垃圾箱自动盖"。这件小发明获得了上海市中小学生小发明的二等奖。

龚燕小朋友的家住在五楼,晚上回家上楼梯时,由于没有灯光,很不方便，一不小心还要撞在走道上的自行车上。怎么办呢？她想了一个办法，把小电珠"移"到帽子上，接通干电池，成了一种"灯光帽"。从此，她晚上上楼就不用担心摔跤了。这项发明也得了小发明和专利知识竞赛的二等奖。

一个叫钱君的小朋友，平时喜欢跟爸爸学做木工手艺，但常常为没有合适的工具测量木箱的内侧角而烦恼。上数学课时，他看到老师拿着一只活动的平行四边形，给大家讲解平行四边形对角相等。他想，在活动的平行四边形的一只角上装上量角器，用这只角的对角去量木箱的内侧角，就能直接从量角器上读出内侧角的度数。钱君同学把老师教学用的活动平行四边形从课堂"移"到了木工间，就发明了木工用的"内侧角量角器"。

你想试着"移植"吗？

9. 事物联想思维训练

有这样一个传说：

民族英雄郑成功攻下台湾以后，为防止侵略者卷土重来，便天天练兵。可是，士兵们训练过后都很口渴，想喝水又找不到水。郑成功决定挖井找水。

郑成功把将军们召集到大厅，共同讨论挖井的事情。会上，大家七嘴八舌，就是想不出一个好主意。这时，一个副将忽然叫了一声，大家转身望去，原来是一只蚂蚁咬了副将一口。副将伸手要把蚂蚁掐死，郑成功忙走过去，劝副将不要将蚂蚁掐死。

蚂蚁仓皇地向外面爬去，郑成功跟在后面，在一棵椰子树下找到了蚂蚁的窝。郑成功马上叫来了士兵，要他们在蚂蚁窝下面打井，大家感到疑惑不解。士兵们挖呀挖，当挖到五米深的地方，忽然从井底冒出一股清泉。大家一尝，啊，清甜可口，不禁齐声称赞。

第二天，有人问郑成功，为什么知道蚂蚁窝下有水源？郑成功对他们说："你们想，蚂蚁也是要喝水的，所以我断定，蚂蚁窝下边一定会有水。"大家听了，恍然大悟。

郑成功为什么会找到水源呢？他用的是"联想"的方法。他的思路是这样的：看到蚂蚁→蚂蚁要喝水→蚂蚁窝边可能有水→在此处挖井。

又如小学语文课本中的《蜜蜂引路》一文所写的，列宁巧妙地让蜜蜂引路，找到了养蜂人，用的也是"联想"的思考方法。

什么是"联想"呢？

可以这样想：

某件事情的结果跟它的起因有什么联系？能从中找到解决问题的办法吗？把两样或几样事物联系起来，会发现什么规律？把几样东西联在一起，或几件事情联系起来，能帮助我们解决什么问题？

很显然，这里讲的"联想"有两种意思：一种是物体之间形的连接，是一种联动；另一种是事物之间内在的关系。后一种"联想"不是一眼就能看出来的，要经过思考后才能发现。所谓的思考，一般有三个方面：1. 从对比的角度去联想，如由冷可以想到热，由水可以想到火；2. 从因果关系的角度去联想，如郑成功找水就是例子；3. 从相关、相近的角度去联想，如由水想到鱼，由树想到果子，想到吃果子的害虫，想到捉害虫的啄木鸟……

请看下面一个发明的例子。

19世纪初，拿破仑经常率领法国军队远征。但新鲜的食物还没运到前线就腐烂变质，于是拿破仑悬赏重金希望得到一种长途运输新鲜蔬菜和水果的方法。

190

长途运输水果蔬菜而不腐烂，这是假设的结果。但不腐烂的原因是什么呢？有一个叫阿披脱的年轻人开始研究。他把水果、蔬菜藏到阴暗处，结果还是腐烂。他又把水果、蔬菜严密地包裹起来，结果又腐烂了。他又把食物煮沸后再封闭起来，结果过了好多天，打开一看，食物没有变质。阿披脱得到了启发，发明了食品罐头。

阿波脱研究的实质，就是把结果与起因联系起来思考。

最近，报上披露了一个惊人的消息，有科学家由研究蟑螂而开发出一种专治艾滋病的新药。这位科学家研究的思路就是寻找事物之间的联系。他在一个偶然的机会，在三亿多年前的化石中发现了蟑螂，这种蟑螂与现在看到的蟑螂没有多大的区别。他由此现象联想到原因：蟑螂体内必有一种物质使它有如此顽强的生命力。于是，他在蟑螂的体内提炼出上千种物质，一一加以检验。经过几十年坚持不懈的研究，终于发现了能治艾滋病的物质，成功地开发出一种新药。

把几样东西联起来帮助人们解决问题的例子更是俯拾即是。

如我们常见的电话，它传递声音的各个环节是这样联起来的：

金属片→　线圈　→　电线　→　线圈　　→金属片
　↑　　　　↑　　　　↑　　　　↑　　　　↑
振　动→产生感应→传递电流→产生感应→振　动（发出声音）

我们可以运用"联想"的方法搞小创造发明。

如有一个小朋友设计的自来水自动关水装置就是一个例子。他在盛水的桶里放一个圆木块作浮子，浮子上装一根铁丝，铁丝的另一端挂一个重锤，重锤上的线通过滑轮连在水龙头的开关上。当水盛满时，浮子上升，重锤从铁丝钩上脱落，利用重锤下降的力，通过线把开关关上。

水满→浮子上浮→重锤脱落→拉动线→开关关上。

通过几个中间环节把"水满"与"关上开关"联系起来了。

有一位小朋友发明的自行车锁车提醒器也是运用了"联想"的方法。他把自行车撑脚架与锁、蜂鸣器连接起来，自行车停放时，必定要把撑脚放下来，放下撑脚就把电路接通，蜂鸣器就发出蜂鸣声提醒车主锁车；但一旦上了锁，电路就断开了，蜂鸣器就停止发声。

你能用"联想"的办法创造出什么新东西吗？

10. 逆向思维提高训练

不少武打电影中的侠客们武艺非凡，能轻易地纵身飞上几丈高的屋顶。有些同学看得张嘴结舌，有的同学甚至想入非非，要进山拜师学艺；总想有一天，自己也能像影片中的侠客一样飞檐走壁。其实，同学们是上了电影特技的大当。真正拍摄时，演员只是从高处往下跳。拍好后，把片子反过来放映，就制成了侠客从下飞身上屋的镜头了。发明这个特技的人，实质上是运用了"逆向思维"的思维方法。

做逆向思维一般是指从已有事物或现象的相反方向进行思考，寻找解决问题的新途径、新方法。

我们可以这样想：

如果把一件东西的正反、里外、上下、左右、前后、横竖颠倒一下会有什么结果？如果把平时习惯的思考方向逆反过来能解决什么问题？

生活中"逆向思维"的运用极为普遍，只是我们习以为常，很少注意而已。

人上楼走楼梯，楼梯是固定的，人的双脚是移动的。但自动扶梯正好相反，人的双脚是站立不动的，而扶梯是向上移动的。平时，我们锯木头，木头是固定的，锯子上下抽动，使木头一分为二。但在锯木工场我们看到的则是另一种情形：圆形的或条形的锯片固定在一个地方不停地转动，把木头推上去，就迎刃而解，一分为二。

过去缝衣服，形容为飞针走线，主要是针线在布片上移动。而缝纫机则反过来，针线固定在缝纫机的机头上，移动的是布片。

一般的动物园里，飞禽走兽，尤其是猛兽都关在铁笼里供游人观赏。而在野生动物园里，既没有高大的围墙，也没有兽馆、兽舍，动物们自由自在地在草原上漫步、猎食。游人则相反，要关在坚固的旅游车里，活像关在笼子里一样。不过游客们十分乐意这么办，因为这样可以观赏到动物在自然环境中的许多有趣的活动情况。

运用"逆向思维"的思考方法解决问题，有时会取得用习惯思考方法所达不到的效果。语文书上《司马光砸缸救人》的故事就是一个例子。

有一次，一群小朋友在花园里玩，一个小朋友不小心掉进了大水缸里，要是不马上救他出来，他就会被水淹死。有几个胆小的吓得哭了，有的赶紧跑去叫大人来救，有的想去救，可是个子矮，没法够得着。司马光不慌不忙，他搬起大石头，砸破大水缸。缸里的水流走了，掉进缸里的小朋友也得救了。司马光用的就是"逆向思维"的办法，因为要使水缸里的小朋友不被淹死，就得想法让人和水分离。别的小朋友想的都是"人离开水"，就是把人从水里拉出来，而司马光的想法恰恰相反，是使"水离开人"。

还有一篇叫《唐打虎》的课文，讲的是一老一小打死猛虎的故事。一般的人打虎总是以人力取胜，用刀枪棍棒去打老虎的要害处，而这位驼背的老头却是以智取胜。他站好一个地形，把利斧高举过头顶。当老虎向他扑过来时，他把头一偏，老虎的肚皮正好擦在利斧上。利斧没有移动，老虎向前猛扑的那股巨大的冲力，将自己剖肚开膛。让老虎自己在利斧上丧命，这与习惯的做法正好相反。

我国著名的历史小说《三国演义》中的空城计故事，就是诸葛亮巧妙地运用"逆向思维"的思路来摆脱敌强我弱的困境的战例。当十多万敌军来攻时，诸葛亮手下的兵将大多被派到别处执行任务，留下的只是些老弱残兵。按照习惯的思维，这时的诸葛亮应该仓惶出逃或紧闭城门，坚守不出。但诸葛亮却出人意料地叫人大开城门，自己在城楼焚香弹琴。结果反使敌将司马懿慌了手脚，以为诸葛亮设的是诱敌之计，定有大军埋伏，于是急令部队后退。

科学家在搞创造发明时，常常运用逆向思维去设想和寻求解决问题的新途径。如人们都知道气体和液体受热要膨胀，受冷要收缩，科学家伽利略把它们反过来思考，即胀→热，缩→冷，发明了温度计。人们通过温度计中气体或液体的升降情况，能测知温度。

又如，在19世纪初，人们在物理实验中发现了电流的周围有磁作用，说明电能转化为磁。法拉第却从反面去探求：磁能不能转化为电？他经过多年刻苦的实验研究，终于在1831年发现了电磁感应定律，创制了世界上第一台感应发电机。发电机为工业提供了崭新的动力，使人类的文明史翻开了新的一页。

能逆向思维的人，在生活中有时还能化弊为利。如美国有一家造纸公司，有一次在制造书写纸时配错了料，书写时会渗水，售出的纸全部退了回来。公司经理拿了一些废纸回家，想研究补救的办法，不小心把墨水瓶打翻了，他一急，随手拿起这废纸一擦，墨水很快被吸干了。这现象使经理得到了启发。他将错就错，把这些废纸当作专门吸墨水的吸水纸出售，满足了人们的需要。结果这种废纸反而成了公司的新产品。

随着人们生活节奏的加快，一次性的用品日益受到大家的青睐，在生活中广泛应用。其实，一次性的物品也是"逆向思维"思维的产物。习惯思维支配下生产的产品，往往考虑所用原料质地要优良，加工工艺要精细，产品还要有精美的外包装等。但一次性用品是即用即弃的，追求的主要是价廉，所以就从相反的角度去思考，选廉价原料，只要能承受一次使用就可以了，用简单的加工工艺，只要达到使用安全、卫生，无需考虑精美的外包装等。

在少年儿童的创造发明活动中，不少同学尝到了"逆向思维"的甜头。他们运用了逆向思维，发明了不少有实用价值的小作品。

如有一个同学发明的带笔套的毛笔杆就是一个例子。一般毛笔的笔套都是从笔尖向后套，弄得不巧就会倒毛，损坏笔锋。这位同学想，能不能发明一种从后面向前套的笔套呢？后来，他用一张牛皮纸卷成一个与笔杆一样粗的笔套，套在笔杆上，等学完毛笔字，把笔洗净后，就将这个套子向前移动，套住笔头。这样，就不会造成倒毛了。

还有一个同学发明信封自动封口机，曾获得"亿利达"二等奖，也是灵活地运用了"逆向思维"的技法。我们平时粘信封，都是用手移动胶水瓶，用手去翻折信封的封口。这件小发明却"逆向思维"，设计了一个倒置的固定的胶水瓶和一部能移动的小车。信封躺在小车上向前推进，当信封通过那倒置的胶水瓶时，胶水就自动地涂在信封口上了。然后，信封通过一个特制的曲面，信封口就自动地翻折过来。这种信封封口机，不脏手，粘贴速度快，特别适用于投寄大量信件的收发部门。

11. 物品替代思维训练

小明的爸爸是个养花迷，家里的阳台上摆满了各种花草，什么文竹、米兰、海棠、杜鹃，还有许多小明连名字也叫不出来的花。有一次，小明的爸爸为了把一株原来种在小花盆里的米兰移植到大花盆里去，就把小花盆敲碎。小明忙问原因。爸爸告诉他，这样做，使得原来花盆中的泥团不会碎掉，可以保护米兰的根系不受损伤。小明望着那只被敲碎的小花盆沉思起来：好好的一只花盆就这么敲碎了，多可惜！有什么办法，既不让泥团碎掉，又不用敲碎花盆呢？

有一次吃早饭时，妈妈剥了一个鸡蛋给小明吃。看着妈妈把蛋壳敲碎，一片一片地剥去，小明突然想到，蛋壳不是可以代替小花盆吗？于是，他找来了一只小鸭蛋，一端开了个大口，把蛋黄蛋清倒出，在另一端开一个小口，再在蛋壳里装入一些培养土，埋进一颗花籽，浇了点水。两个星期后，小苗长出来了，碧绿碧绿的，十分可爱。小明叫来了爸爸，把蛋壳敲碎，一片一片剥去。哈！里面的泥完好无损。爸爸一边将小苗移种在大花盆里，一边说："这办法真灵，我怎么就没有想到呢？以后可省下我不少钱呢！"在学校的小发明比赛中，小明的"蛋壳花盆"还得了奖。

后来，小明又在"代"字上动脑筋，把一只废可乐瓶的上半部剪去，只留下一个把手形状的部分。底部开一个小洞，学着爸爸的样子在里面种上了一棵吊兰，吊在晒衣架上。一个月后，吊兰那翠绿的枝条从可乐瓶的四周垂下来，随风摇曳，就像开在空中的一朵绿色的大花。看，本来只能扔到垃圾桶去的可乐瓶代替了花盆。这就是"替代"。

"替代"是我们创造发明时常用的思考方法。

可以这样想：

有什么东西能代替另一件东西呢？如果用别的材料、零件、方法等代替另一种材料、零件或方法行不行？会产生哪些变化？会有什么效果？能解决哪些问题？

在日常的生活或生产活动中，"替代"往往发生在遇到特殊情况下的紧急处理，带有某种"将就"、"无奈"的意味。如在急需喝水时，却没有玻璃杯子，这时稍大一些的瓶盖就代替杯子吧。如大热天缺少凉帽，就随手摘一张荷叶顶在头上吧。但多次的"将就"就引发了人们要主动地"替代"的意识。如刚才提到的瓶盖代杯子，就有人真的把瓶盖做成杯子的样子，它又是瓶盖，又可代替杯子，给旅行的人带来了方便。人们可以这样想，"替代"后是否可以降低成本？"替代"后是否会产生更好的效果？如许多电器过去都是用电子管的，后来，人们发现晶体管能代替它，使得电器发生了革命性的变化。在科技高速发展的今天，新的原理、新的材料、新的工艺代替旧的原理、材料、工艺经常在发生。这种替代推动着整个社会不断地进步。

在生活中用"替代"的方法解决问题的例子是举不胜举的。语文书中学过的《曹冲称象》就是一个。

曹操为了知道大象的重量，叫大家出主意。谋臣们有的说要造一杆大秤，有的说把大象割成一块一块地称。这些人只会用习惯的思考方法想问题，用这些方法去解决特殊问题就显得荒唐可笑，所以曹操直摇头。后来，曹冲想出一个办法，让人把大象牵到船上，在船身刻上装载大象后的水位线，再牵走大象改装石头，一直到船身下沉到刚才画的水位线为止。然后，分多次称出石头的重量，把每次称出的重量加起来，就是大象的重量。曹冲这个办法的实质是"等量代换"。

即：

$$\frac{大象的}{重量} = \frac{船装大象时}{排水的重量} = \frac{船装石头时}{排水的重量} = \frac{石头的}{重量}$$

通过排水量相等这一点，巧妙地把大象的重量与石头的重量联系了起来。

在日常生活中，我们可以随时发现不少"替代"的现象。

如药瓶里的棉花垫，现在已被细纸条团或块状海绵所代替，节约了大量的棉花。

又如塑料花代替鲜花，价钱便宜，使用的时间又长。

我们每天要照的镜子，最早是铜的，称为青铜镜。后来被现在的玻璃镜子所取代。

科学家、能工巧匠也常运用"替代"的方法搞创造发明，在创造活动中"代"字成果辉煌。

拿我国古代四大发明之一的造纸来说，在纸发明之前，人们写字或用刀刻在竹简上，或写在丝绢上。刀刻费时间，竹简粗重不易携带。绢又很贵，平民百姓使用不起。于是，人们就寻找代用品，最后找到了植物纤维，终于造出了经济实用的纸。

不少教育家也很注重训练学生用"替代"的方法进行创造性的思维训练与实践。抗日战争时期，著名的教育家陶行知在重庆创办了一所育才学校。当时由于国民党反动派的阻挠与压制，学校的经费非常紧张。有一次，陶先生决定在学校办一个画展，但当时连用来固定作品的回形针也买不起。陶先生就动员大家想办法找代用品。后来，有人利用山区多竹，用一小片带竹节的竹片，在下端剖一条缝，利用竹片本身的弹性夹住画纸，效果极好。于是，陶先生高兴地以这个人的名字来命名这种夹子。

在少年儿童的小发明、小创造活动中，用"替代"的方法而成功的例子也是不胜枚举的。

如有一个同学发现许多用电池作电源的实验小电器没有装开关。使用前，得把两根电线头拧在一起，接通电源；不用时，又得把电线拉开，切断电源。这样，要不了几次，线头就断了。他后来想出一个用揿钮代替开关的办法。他将两根电线头分别焊在两片揿钮上。按上揿钮，电源接通，掰开揿钮，电源又切断了。

又如小王同学，有一次正在看电视剧《西游记》，妈妈却要他托毛线。小王想有什么东西能代替自己的双手呢？他从古代的纺车得到启发，制成了如意托线器。这托线器中间是一个转轴，上面是十字交叉的两根可伸缩的竹竿，竹竿的四个端点上各有一根"]"形的粗铁丝。这样使用起来，十分方便、灵活，和双手托线相比毫不逊色。从此，小王再也不担心为托毛线而影响做别的事了。

当前，有些学校开展的利用废物制作学具、教具、用具、工具的"变废为宝"活动，不少也是运用了"替代"的思路。因为世界上没有绝对的废物，所谓废物是人们处理不当的资源。通过"替代"可使原来的"废物"产生新的功能。如利用大量废弃的塑料瓶，就可以制成许多实用的东西。